Brigitte Troeger

Luft wie Samt und Seide

Brigitte Troeger

Luft wie Samt und Seide

Heitere und bewegende Geschichten einer Pfarrfrau im Orient

BRUNNEN
VERLAG GIESSEN · BASEL

www.brunnen-verlag.de
Umschlagfoto: IFA-Bilderteam, Düsseldorf
Umschlaggestaltung: Ralf Simon
Satz: DTP Brunnen
Druck: CPI – Ebner & Spiegel, Ulm
ISBN 978-3-7655-3818-6

Inhalt

Vorwort

»Wer einmal aus dem Nil getrunken hat, kehrt immer wieder zu ihm zurück«, behauptet eine ägyptische Redensart. Ich aber kenne Leute, die sagen: »Einmal und nie wieder!«

Es scheint also zwei Typen von Menschen zu geben, zumindest, was ihre Einstellung zum Orient betrifft. Ich gehöre zu der ersten Sorte. Spätestens nach zwei Jahren Europa bekomme ich Entzugserscheinungen.

Nein, das Nilwasser ist es beileibe nicht, auch wenn es zugegeben wirklich gut schmeckt, gereinigt natürlich! Ich glaube, es sind meine emotionalen Batterien, die aufgefüllt werden wollen. Die unkomplizierte Begegnungsfreude der orientalischen Menschen, ihre spontane Zuwendung, ihre echte Gastfreundschaft und Herzlichkeit machen mich immer wieder mobil.

Es ist dann, als würde ich umsteigen aus einer kleinen in eine große Schiffschaukel mit langen Seilen.

Wir haben neun heiße Jahre in Ägypten gelebt, auf Tuchfühlung mit den Leuten in Oberägypten. Durch unsere Mitarbeit in der »Germanija«, dem deutschen evangelischen Hospital in Assuan, bekamen wir tiefe, manchmal beschämende und zuweilen erschütternde Einblicke in das Leben und Denken der Menschen am Nil. Später führten unsere Dienstreisen nach Syrien. Die Eindrücke, die der Orient bei uns hinterließ, sind unauslöschlich, deshalb habe ich sie aufgeschrieben, dankbar für eine Zeit, die mein Leben entscheidend geprägt und meinen Horizont erweitert hat.

Inzwischen ist der Orient zu uns nach Europa gekommen, und viele Fragen stehen im Raum:

»Wie werden sich der Osten und der Westen in Zukunft begegnen?

Werden wir es schaffen, eine Brücke zu bauen über die Kluft der unterschiedlichen Mentalitäten? Was sind wir bereit, dafür zu tun?

Was können wir von den Zuwanderern aus dem Nahen Osten erwarten?«

Wollen wir diese Fragen beantworten und die Schwierigkeiten überwinden, die sich daraus ergeben haben, werden wir voreinander lernbereit und ehrlich sein müssen – und dies wird ein mühsamer und schmerzlicher Prozess werden, so wie es sich in meinen erlebten Geschichten widerspiegelt.

Aus vollem Herzen geben und dabei umso mehr empfangen – dies wünsche ich sowohl Europäern als auch Orientalen.

1. Bed & Breakfast auf Arabisch

»Nach Assuan wollt ihr? Mit dem Auto? Das könnt ihr bequemer haben! Vertraut das Auto und das Gepäck einem erfahrenen Chauffeur an und nehmt den Flieger! Der Nachtzug ist auch nicht übel! Glaubt mir, eine Autofahrt den Nil entlang ist kein Pappenstiel! Und eine Hebamme werdet ihr unterwegs wohl schwerlich finden«, sagte Mufid mit einem besorgten Blick auf meinen Sechs-Monats-Bauch.

Der junge Student aus Kairo hatte uns nicht überzeugen können. Zu neugierig waren wir, dieses Land, das unsere Wahlheimat werden würde, kennen zu lernen. So beförderten wir Sack und Pack in unseren Käfer und hörten uns aufmerksam Mufids Reisetipps an:

»Seid achtsam, im Monat Ramadan können die Leute aggressiv werden!«

»Fahrt nie in der Dunkelheit!«

»Vor allem, vergesst das Hupen nicht, wenn Menschen auf der Fahrbahn gehen!«

»Solltet ihr einen Menschen zu Schaden bringen, so müsst ihr mit Vollgas weiterfahren, weil euer Leben in Gefahr ist. Meldet euch dann bei der nächsten Polizeiwache!«

Eberhard hatte einige Schwierigkeiten, eine aktuelle Landkarte vom Nillauf aufzutreiben. Aber wozu braucht man an einem Fluss eine Landkarte? Es gibt eine breite Straße, die den Nil wie einen treuen Freund von Kairo bis Assuan begleitet.

Wir teilten sie fünf Tage lang mit den Menschen, die hier lebten, mit Kamelen und Eselskarren, urigen, schwer beladenen Oldtimern, mit Fahrrad- und Motorradfahrern, mit spielenden Kindern und streunenden Hunden, Wasser holenden Frauen und einem Heer von unzähligen Fußgängern. Es schien, als ob sie allesamt taub wären, denn sie ignorierten hartnäckig jegliches Hupsignal, während sie sorglos die Straßenmitte bevölkerten – ihre Straße, ihren Lebensraum.

Hier und da räumten die Gemüsehändler notgedrungen ihre Stände zur Seite und gewährten uns mit einem freundlichen Gruß die Durchfahrt durch ihren Ort. Diese neunhundert Kilometer, so hatten wir bald begriffen, sollten die langsamsten und gleichzeitig spannendsten Kilometer unseres Lebens werden.

Unser kleines Gefährt schien eine Rarität zu sein unter den vielfältigen Verkehrsteilnehmern. »Ägänib! – Ausländer«, hörten wir die Kinder rufen, wenn wir vorsichtig einen Ort durchfuhren. Auf dem Dach stand, gut verschnürt, unser Hausrat, verteilt auf fünf Koffer. Zwei weitere Koffer und meine kostbare Pfaff-Nähmaschine reisten im geschützten Innenraum mit uns.

Der vierte Reisetag bescherte uns zwei Reifenpannen. Wir verspäteten uns um Stunden und erreichten unser Etappenziel Luxor am Abend nicht. Es war bereits stockdunkel, als wir in weiter Ferne Lichter einer größeren Ortschaft wahrnahmen. Das musste die Stadt Qena sein.

Die letzten Kilometer führten uns über einen unbeleuchteten und nicht gesicherten Damm zwischen dem Nil und einem Bewässerungskanal. Ein Licht kam uns schwankend entgegen. Sicherlich ein Motorradfahrer! Vorsichtig näherten wir uns. Da, im letzten Moment, tauchte aus der Dunkelheit die mächtige Kulisse eines

Lastwagens vor uns auf. Das Fahrzeug war nur dürftig beleuchtet, lediglich das Standlicht der rechten Seite funktionierte.

Den fremden Fahrer schien unsere Vollbremsung kalt zu lassen – nun ja, der »König der Landstraße« saß erhöht und hatte das stabilere Verkehrsmittel, was konnte ihm da außer einer zusätzlichen Beule im Blech schon geschehen?

Wir erinnerten uns an Mufids Warnung und beschlossen, im nächsten Ort unser Nachtquartier zu suchen.

Ein Stein fiel uns vom Herzen, als wir endlich an einem beleuchteten Platz anhalten und aussteigen konnten. Die Leute von Qena würden uns ein Hotel nennen, schließlich befanden wir uns in einer Provinz-Hauptstadt.

»Wat wollt ihr'n hier in dem Kaff?«

Wir trauten unseren Ohren nicht. Ein Berliner? »Wir suchen eine Übernachtung!«

»Jibtet nich.«

»Wieso nicht? Qena ist doch eine große Stadt!«

»Wat is det? 'Ne Stadt? 'N Loch is det hier – 'ne Strafe, sag ick!« Der Mann hatte eine Fahne und stand wackelig auf seinen Beinen.

Blitzschnell hatten sich eine Menge Kinder um uns gesammelt.

»'N Drecksnest is det hier, und 'n Hotel wer'n Sie nich finden.«

»Und was machen Sie in diesem Nest?«

»Hoch-Tief – Baustelle, Brücke ...«

»Ach so.«

»'Ne Strafe is det, hier zu ackern, sag ick, und ihr könnt mir globen, ihr müsst weiterfahr'n!«

Der Landsmann kehrte uns den Rücken und wankte davon.

Die Kinder aber wussten, wo es ein Hotel gab. Sie zeigten uns die Richtung, erklärten alle durcheinander und boten sich an, uns zu begleiten. Hotel Kleopatra – das hörte sich doch ganz gut an!

Als wir wieder einsteigen wollten, war das Auto bereits besetzt. Die Kinderhorde belagerte Stoßstangen, Trittbretter und hing am Dachträger. Wer keinen Platz bekommen hatte, verfolgte uns rennend mit lautem Johlen. Steine flogen, Stöcke schlugen aufs Blech.

Die Straßen waren voller Schlaglöcher, in denen sich kleine und große Pfützen angesammelt hatten. Wir wussten nicht, wie tief diese Löcher waren, und fuhren langsam, was zur Folge hatte, dass die Kinderhorde hinter und neben uns immer größer wurde.

Als wir schließlich schweißgebadet am Hotel ankamen, ließ die Meute von uns ab. Ein Polizist schlug sie in die Flucht. Er stellte sich schützend vor das Auto und gab uns zu verstehen, dass er es bewachen wollte.

An der Rezeption in der Empfangshalle des Hotels saß ein kleiner, schnauzbärtiger Mann und schlief. Wir schauten uns um. Das Haus, im Kolonialstil erbaut, mochte bessere Zeiten gesehen haben. Die Teppiche waren abgenutzt und grau. Im Dämmerlicht einer roten Funzel schaute uns der ägyptische Präsident Gamal Abdul Nasser aus einem verschnörkelten Goldrahmen selbstgefällig an. Auf dem Tisch einer kleinen Sitzgruppe verstaubten Plastikblumen in einer Alabastervase. Wir räusperten uns.

Der kleine Bärtige sprang auf. »Min fadlukum?«

»Wir würden gerne übernachten.«

Der Mann klatschte dreimal in die Hände und rief laut: »Salim!«

Nach einer Weile noch einmal: »Saliiiiim!« Aus dem

dunklen Hintergrund hörten wir schlurfende Schritte näher kommen. Salim trug das traditionelle ägyptische Gewand, Galabija genannt. Die beiden wechselten einige Worte, dann winkte uns Salim, ihm zu folgen: »T'faddalu!«

Wir bestiegen eine breite Marmortreppe. Im ersten Stockwerk verzogen sich zwei scheue Katzen und schauten uns hinter einem verstaubten Plüschvorhang neugierig nach. Im zweiten Stock stieß Salim eine Tür auf.

Hier also sollten wir schlafen? Das Haupt-Möbelstück in dieser Bude war eine schmierige Matratze auf dem Boden. Dieser hatte lange kein Wasser gesehen. Unter dem Waschbecken flüchtete eine vom Licht überraschte Kakerlakensippe in ein dunkles Versteck. Der Kleiderschrank bestand aus zwei dicken, rostigen Nägeln in der Wand. Immerhin, man konnte etwas aufhängen.

Die graue Gardine hatte bessere Zeiten gekannt, sie hing – wie lange schon? – halb befestigt herab. Ob das Waschbecken tatsächlich Wasser hatte, wagten wir nicht zu prüfen. Da wir in Ägypten bisher nur tropfende Wasserhähne erlebt hatten, waren wir skeptisch, denn dieser Hahn tropfte nicht. Während ich in Gedanken die Bettwäsche im Gepäck suchte, fing es an, mich am ganzen Körper zu jucken.

Wir erfuhren, dass es keinen Schlüssel zu diesem Zimmer und keinen geschützten Platz für das Auto gab. »No Problem«, meinte Salim, »es gibt junge Männer, die sich für eine Nacht neben das Auto legen.«

Eberhard schien zu allem bereit. Zum Glück aber fiel ihm ein, dass es in dieser Stadt auch eine evangelische Gemeinde gab. »Oft haben die Gemeinden kleine Gästehäuser. Was denkst du, sollen wir einfach dort anklopfen?«

Meine Müdigkeit war groß, aber mein abwehrendes Gefühl und Eberhards Sicherheitsbedürfnis nahmen überhand. Wir vereinbarten mit Salim, dass wir uns nach einer halben Stunde wieder melden würden, wenn wir das Zimmer mieten wollten – und hofften, dass wir den Kleopatra-Diener nicht verprellt hatten. Er entließ uns mit einer tiefen Verbeugung.

Eine kleine Hoffnung war uns geblieben: der evangelische Pastor. Wir fragten uns zur Kirche durch. Der Weg dorthin wurde immer schlammiger, die Kinderhorden formierten sich nun unheilvoll und bedrohlich. Wieder flogen Steine und Dreck – es schien ein beliebtes Spiel zu sein, europäische Touristen zu jagen.

Die hell erleuchtete Kirche war unschwer zu erkennen. Ein fröhlicher Gesang mit Akkordeonbegleitung empfing uns. Es war zwanzig Uhr am Freitag, eine Evangelisation hatte begonnen. Der alte Mann am Eingang lächelte uns aus einem zahnlosen Mund freundlich zu. Wie lange der Gottesdienst dauern würde? Normalerweise zwei Stunden. Ratlos schauten wir uns an. Dann entschieden wir uns schweren Herzens für Kleopatra und zogen erneut hinaus ins feindliche Leben.

Salim stand zwischen den Säulen am Eingang. Nein, jetzt sei das Zimmer belegt, behauptete er stolz; und zum letzten Mal kämpften wir uns durch die Gassen, zurück zur Kirche.

Todmüde, völlig erschöpft sanken wir auf die letzte Kirchenbank.

Neugierige Blicke musterten uns. Der junge Prediger, der das Akkordeon gespielt hatte, hielt eine feurige Predigt. Er steigerte sich, seine Stimme wurde immer höher, eindringlicher und überschlug sich. Eine Zeit lang flogen die Sätze wie Peitschenhiebe durch den Saal, dann wurde der Ton langsam versöhnlicher, monotoner, und schließlich hatten wir den Eindruck, die Predigt versande in der Stille.

Ich schaute auf die Uhr – es war zweiundzwanzig Uhr. Nun stand jemand zum Gebet auf. Die Frauen verschleierten ihre Häupter. Auch der Beter steigerte sich und machte viele Worte. Es war, als würde auch er predigen. Das Gebet wollte nicht enden. Ich nickte ein. Immer wieder fiel mein Kopf nach vorn auf die Brust. Ich seufzte mit einem Paul-Gerhardt-Zitat: »Mach End, o Herr, mach Ende …«

Da – endlich – vernahm ich durch den Nebelschleier meiner Erschöpfung das Rascheln der Liederbücher. Das Akkordeon erklang. Nanu – die Melodie kannte ich doch! Verwirrt kramte ich in meinen Kindheitserinnerungen. Richtig: »Muss i denn, muss i denn zum Städtele hinaus«, hatten wir in der Schule auf diese Melodie gesungen. Ich musste schmunzeln, summte mit und dachte: »Wenn i komm, wenn i komm, wenn i wiedrum, wiedrum komm, kehr i ein, mein Schatz bei dir.« Meine Lebensgeister waren zurückgekehrt.

Es war eine Stunde vor Mitternacht, als uns der Pastor freundlich in sein Haus einlud. Er sagte: »Mein Haus sei euer Haus.« Was das bedeutet, begriffen wir erst später. Wir erklärten ihm, dass wir keinerlei Bedürfnisse hätten außer einem Wasserhahn und einer bescheidenen Schlafstelle. Aber seine Frau, unterstützt von einigen Gemeindegliedern, hatte bereits das Huhn geschlachtet. Jetzt garte es im Topf, und wir nahmen wahr, dass es im Haus geschäftig zuging, während uns der Hausherr mit seiner Unterhaltung am Einschlafen zu hindern versuchte.

Wir saßen im Salon, dem Gäste-Empfangsraum. Bunt bezogene Kissen zierten die bronzefarbenen Sitzmöbel im Biedermeier-Stil, kleine Setztische mit Plastikblumen standen herum, etwas besser gepflegt als im »Kleopatra«. An der Wand hingen – extrem schief – das Hochzeitsbild der Gastgeber und Fotos ihrer erwachsenen Kinder – allesamt mit todernsten Mienen. Oben an der Decke arbeitete quietschend der ägyptische Einheitsventilator mit integrierter Lampe – die Empfangszimmer in Ägypten sehen überall gleich aus.

»Auf dem Weg nach Assuan seid ihr? Was kann man als Ausländer in Assuan tun?«

»Wir werden die Leitung des Teams im deutschen Hospital übernehmen.«

Der alte Pastor traute seinen Ohren nicht. »Es gibt viele kirchliche Krankenhäuser und Schulen im Land, aber überall sind die Ausländer gegangen! Die Einrichtungen wurden verstaatlicht. Was daraus wird, werden wir sehen, aber ich ahne nichts Gutes«, sagte er bedauernd. »Wir Christen hatten für unsere Kinder sehr gute Schulen, und für unsere Kranken eine zuverlässige Versorgung. Und ihr wollt wirklich nach Assuan?« Pastor Dawud musterte uns irritiert durch seine dicken Brillengläser.

So ähnlich hatte uns vor unserer Ausreise in Wiesbaden Frau Schwarz auch angeschaut. Jetzt tauchte ihr Gesicht plötzlich wieder vor meinem inneren Auge auf. Ihre Pupillen hatten sich angstvoll geweitet und sie hatte eine böse Prophezeiung ausgestoßen: »Dort bin ich untergegangen, und dort werden auch Sie untergehen!« Ich hatte sie gefragt, was das zu bedeuten habe, und sie hatte von zu viel Hitze, zu viel Staub, schlaflosen Moskito-Nächten und viel zu viel Arbeit gesprochen.

Pastor Dawud fing an, laut zu denken: »Im Süden scheint manches möglich zu sein, was hier in Mittelägypten undenkbar wäre. Hier sind die Ausländer – vor allem in Leitungspositionen – nicht mehr erwünscht. Aber Assuan liegt ja auch am Ende der Welt! Der Ort ist für uns das, was für die Russen Sibirien bedeutet – unerreichbar weit weg, rückständig, wenig attraktiv und unerträglich heiß. Keiner von uns würde freiwillig dorthin gehen.«

Ich war in Gedanken mehr bei meinem Schlaflager, das mir unerreichbar weit weg zu sein schien. Eine einfache Couch in einer Ecke des Hauses? Eine Bastmatte auf dem Fußboden? Was auch immer es sein würde – mein Baby und ich, wir würden uns fühlen wie die reichsten Könige. Dieses Glück jedoch mussten wir uns offensichtlich verdienen, daran war wohl nicht zu rütteln.

Also ließen wir uns zu später Stunde wohl oder übel füttern, mit Vorsuppe, Hühnchen, Reis und Gemüse, Brot und Salat. Zum Abschluss gab es eine sehr süße Speise und sonnengereiftes Obst. Und danach war der neue Tag bereits vorgerückt.

»Wie wär's mit einem Kaffee?«

»Nein danke, jetzt würden wir lieber schlafen gehen.«

Die beiden nickten verständnisvoll. Sie hatten ihre heilige Pflicht erfüllt, hörten auf, uns zu bedrängen, und führten uns in ein freundliches Schlafzimmer.

Welch ein unbeschreibliches Gefühl, den Staub und den Stress der Landstraße abzuduschen und dann in ein frisches Bett zu sinken! Welch eine wunderbare Erfindung ist doch ein Bett samt Zubehör, und um wie viel genialer ist das Geschenk des Schlafs! Wir schliefen wie die Murmeltiere.

Es war noch stockdunkel, als draußen ein faszinierender Trommelrhythmus langsam näher kam und sich dann wieder entfernte. Ich tastete mich vorsichtig ans Fenster. Hier und da gingen die Lichter in den Häusern an. Holzkohledunst lag in der Luft, und am Firmament kündete ein feiner Schimmer den kommenden Tag an. Der Mond und die Sterne bewachten noch die stille Stadt. Hähne krähten sich den Morgengruß zu. Der Trommelwirbel klang nun aus einer anderen Ecke zu mir herüber. Natürlich, der Ramadan! Jetzt bereiteten die Frauen in aller Eile die erste Mahlzeit vor, bevor die aufgehende Sonne jegliches Essen und Trinken verbietet.

Zufrieden legte ich mich aufs Ohr. Kaum war ich eingeschlafen, da hörte ich ein lautes Knacken. Der Lautsprecher des nahen Minaretts rauschte, und dann ertönte die herausfordernde Stimme des Vorbeters: »Allahu akbar! Allahu akbar! Läää illähä ilallaaaaah!!« Von allen Seiten fielen die Stimmen ein, echote der Gebetsruf über die Stadt. Wie eine Symphonie schwoll die fremde Musik an und schwebte wie ein bleierner Teppich über den Häusern. Unüberhörbar, der Ruf zum Gebet. Ich stellte mir vor, wie die Väter in den Häusern ihre halbwüchsigen Söhne zum Morgengebet anleiten, um ihnen nach getaner religiöser Pflicht noch ein Stündchen Morgenschlaf zu gewähren.

»El hamdu lilläh, ich bin nicht gemeint«, dachte ich zufrieden und rollte mich wieder ein.

Nun kam die »Mücke vom Dienst« an mein Ohr. Sie hatte Hunger. »Geh ins Nachbarbett«, befahl ich ihr und zog mir das Betttuch über den Kopf. Die Nacht ging in eine gute zweite Halbzeit.

Schließlich aber weckten uns die Fulbohnen. Sie köcheln über Nacht auf kleinster Gasflamme und ver-

Schließlich aber weckten uns die Fulbohnen. Sie köcheln über Nacht auf kleinster Gasflamme und verbreiten am Morgen den so typischen Pferdebohnengeruch im ganzen Haus – das ist das Zeichen zum Aufstehen. Mit frischem Fladenbrot, Frühlingszwiebeln, weißem Schafskäse und Tomaten sind sie eine wirkliche Delikatesse und gleichzeitig die beste Grundlage für den Tag.

Die Hausfrau goss aus einem verklebten Kanister das Öl in die Bohnen, während der Hausherr uns den starken Tee mit je drei Löffeln Zucker versüßte. Das vertrieb die restliche Müdigkeit. Langsam meldeten sich unsere Lebensgeister.

Das Telefon klingelte. Der Pastor wechselte wenige Worte mit dem Anrufer und legte bald wieder auf. »Il mubahith?«, fragte seine Frau besorgt. Wir horchten auf. Dieses Wort hatten wir uns bereits am ersten Tag unseres Aufenthalts in Ägypten einprägen müssen. Die Geheimpolizei ist bis heute in Ägypten allgegenwärtig, besonders in den christlichen Veranstaltungen.

»Sie wollten wissen, wer der ausländische Besuch sei, und wie lange er bleibt.« Er lachte: »Bei uns in Ägypten läuft normalerweise nichts zuverlässig, aber die Mubahith, die funktioniert hundertfünfzigprozentig.« Schweigend schlürfte er seinen Tee weiter.

»Sie schnüffeln in allen kleinen Kreisen unserer Gemeinde herum«, klagte der Mann. »Neulich kam ein Fremder in unsere Bibelstunde. Er hatte spezielle Fragen zur Bibel. Sein Name war Samir. Dieser Name kommt sowohl bei Christen als auch bei Muslimen vor. Ich hatte den Eindruck, er könnte ein Muslim sein, habe ihn aber nicht direkt gefragt; stattdessen habe ich seine gezielten Fragen sorgfältig beantwortet. Am nächsten Tag bekam ich eine Vorladung bei der Geheimpolizei. Dieser Mann sei ein Moslem, so wurde ich belehrt, und ich hätte gefälligst darauf zu achten, interessierten Muslimen klar zu machen, dass sie in christlichen Kreisen nichts zu suchen hätten.«

Der Pastor schwieg einen Augenblick. Dann fuhr er fort: »Nun weiß ich bis heute nicht, ob es sich bei Samir um einen ehrlichen Sucher oder um einen Spitzel der Geheimpolizei gehandelt hat. Wenn er kein Spitzel ist, dann ist er sehr gefährdet. Ist er aber ein Informant, dann ist er ein guter Schauspieler und gefährdet die christlichen Gemeinden. Ja, so ist das hier bei uns.« Der Pastor seufzte: »Wir brauchen sehr viel Weisheit. Sagt euren Mitchristen in Deutschland, dass wir ihre Gebete brauchen.«

Ein herzliches Gefühl der Verbundenheit war zwischen uns entstanden, in der Nacht der Vier-Sterne-Unterkunft in Qena. Nun winkten uns die Gastgeber nach.

»Hast du die aufgerollten Matten in der Wohnzimmerecke gesehen?«, fragte Eberhard.

»Die beiden haben offensichtlich ihr Schlafzimmer für uns frei gemacht.«

So also sieht die sprichwörtliche orientalische Gastfreundschaft aus, dachte ich, während wir ein letztes Mal durch die schlammigen Pfützen der Provinzhauptstadt holperten, vorbei am »Hotel Kleopatra« und an einer Schule, in der nun die Kinderhorde von gestern hoffentlich gut aufgehoben war. Meine Einstellung zur Gastfreundschaft hatte an diesem Ort einen entscheidenden Impuls bekommen – und die Landstraße hatte uns wieder.

Es war der erste Advent, als wir reisemüde und verschwitzt in Assuan ankamen. Unser Käfer hatte unterwegs irgendwo die Ägyptentaufe erhalten – ein Kamel hat nach hinten ausgetreten und im Kotflügel ein Souvenir hinterlassen. Sonst war alles heil geblieben. Auch das Baby in meinem Bauch war gesund und munter.

Die Stadt Assuan – unsere neue Wahlheimat – lag im Abendlicht, als wir einfuhren. Viele Städte hatten wir unterwegs gesehen, keine hat uns so ins Schwärmen versetzt. Mir ging das Herz auf: Die große Sanddüne am Westufer strahlte ihr warmes Ockergelb aus, darunter zog der tiefblaue Nil seine Straße gen Norden. Auf dem Wasser kreuzten zwischen den Kataraktfelsen Feluken mit großen, weißen Segeln. Wir überholten die Pferdekutschen auf der Niluferstraße und bewunderten die mächtigen Weihnachtsstern-Büsche und die reich blühenden Oleanderbäume. Die Geschäfte und Hotels an der Nilufer-Promenade machten einen sauberen Eindruck. Hinter den Wüstenbergen am andern Ufer schickte sich die Sonne an, unterzugehen. Der Himmel färbte sich rosarot.

Wir hatten unser »Sibirien« erreicht. Warum in aller Welt hatte uns niemand gesagt, wie atemberaubend schön es hier ist!?

2. Ich hol dir einen Israeli!

»Dein Baby ist wie Sahne.« Die dunkelbraune Nubierin hatte noch nie ein weißes Baby gesehen.

»Und dein Baby ist wie Schokolade.«

Fatima strahlte mich an – das Gegenkompliment schien ihr zu gefallen.

Als der Sommer ins Land zog, waren unsere Kinder beide ein paar Wochen jung. Annette war ein winziges, zartes Bündel, weißhäutig und glatzköpfig; der kleine Wahid wirkte fertiger mit seinem schwarzen Wuschelkopf. Er brauchte keine Penaten-Creme und hatte kein eigenes Bettchen. Fatima trug ihn Tag und Nacht bei sich. Sehr bald schon würde sie ihn mit zum Markt nehmen – er würde rittlings auf ihrer Schulter sitzen, während sie die große Tasche mit den Naturalien auf dem Kopf nach Hause trug.

Unser Baby litt unter der Hitze, seine Haut war blass und voller Hitzepickel. Es lag in seinem Babykorb, trank große Extraportionen Wasser und schwitzte die Unterlage nass.

Wir lebten wie in einer Dauersauna. Nachts legten wir uns ein Frotteetuch um den Hals, damit die Schweiß-Rinnsale uns nicht störten. Was hätten wir für einen kalten Guss gegeben! Aus dem Kaltwasserhahn der Dusche kam jedoch nur warmes Wasser. Das Schlafen wurde zum Problem, und unser Appetit schwand. Wir begannen, die Tage bis zum Urlaub im kühleren Jerusalem zu zählen.

Aber am politischen Himmel zogen düstere Wolken auf. Die Spannungen zwischen Israel und den angrenzenden arabischen Staaten verschärften sich. Kriegseuphorie machte sich breit, denn endlich war die Gelegenheit günstig, den zionistischen Feind in die Knie zu zwingen!

Auf dem Markt lagen sich die Leute in den Armen und feierten im Voraus ihren triumphalen Sieg. Die Kriegshetze aus dem Minarett-Lautsprecher tönte schrill weit über die Stadt. Soldatentrupps in kakifarbenen Uniformen liefen im Dauerlauf durch die Straßen und stießen dabei im Sprechchor rhythmische Kampfparolen aus.

»Unseren Urlaub können wir vergessen«, sagte Eberhard, während er auf die halb gepackten Reisekoffer schaute. »Im Kriegsfall werden wir mehr denn je hier am Ort gebraucht. Wir sollten schleunigst versuchen, auf dem Markt eine eiserne Ration Grundnahrungsmittel zu bekommen. Wer weiß, was auf uns zukommt!« Dann begannen auch schon die Kriegshandlungen, und wir beeilten uns, mit roter Farbe ein großes Kreuz auf das Krankenhaus-Dach zu malen.

Der Zeitungsverkäufer Sami hatte Hochkonjunktur und konnte seine Stimme schonen.

»Al-Ahraaam!«, riefen die Leute und rannten ihm entgegen, um die Regierungszeitung zu ergattern. Lesend bevölkerten sie die Bürgersteige und Kaffeehäuser. Voller Genugtuung erfuhren sie, wie heldenhaft die ägyptischen Soldaten sich im Kampf bewährten. Die Stimmung im Volk stieg von einem zum andern Tag wie die sommerlichen Temperaturen im April.

Unsere heimliche Informationsquelle war die verbotene BBC-Sendung am Abend. Hier erfuhren wir, was wirklich passierte. Langsam sickerte die harte Wahrheit auch im Volk durch: Die verhasste feindliche Seite war der mächtigen ägyptischen Armee haushoch überlegen. David hatte Goliat fest im Griff.

Hinter vorgehaltener Hand flüsterte Doktor Regai uns die Neuigkeiten zu:

»In Kairo haben die israelischen Geschwader dem Militär-Flughafen während einer Frühstückspause einen Blitzbesuch abgestattet und systematisch alle Flugzeuge am Boden zerstört.« Er raufte sich die Haare. »Alles kaputt, stellt euch das vor!«

»Und wo war die Abwehr?«

»Ach, ihr wisst doch, wie heilig uns Ägyptern die Frühstückspause ist! Kein Wachposten weit und breit.«

»Und das Radar?«

»Sie haben es unterflogen, es hat nicht reagiert.«

Die starke Luftflotte, der Stolz der Ägypter, war binnen weniger Sekunden unbrauchbar gemacht worden. Die schnelle Reparatur der betroffenen Maschinen gelang nicht, weil die Russen die erforderlichen Ersatzteile nicht lieferten. Ein ohnmächtiger Zorn gegen die Russen entbrannte. Er hätte auch uns treffen können, weil wir hin und wieder für Russen gehalten wurden.

General Abdul Nasser, die verehrte Vaterfigur, wandte sich am Abend des 9. Juni 1967 mit Tränen in den Augen an sein Volk und erklärte seinen Rücktritt. Eine Weile war es totenstill im Land – unheimlich. Dann löste sich der Schock. Ich stand auf dem Balkon zur Nilseite und hörte einzelne, verzweifelte Stimmen in den Straßen. Sie riefen: »Naa-ssir, Naa-ssir«! Die Menschenmenge verdoppelte, vervierfachte sich, schwoll zu einem Menschenstrom an, der stundenlang nicht versiegen sollte. Massenhysterie machte sich breit. Einige Männer rissen Palmwedel von den Bäumen. Die Menschen liefen eilig gen Norden, als wollten sie noch in der gleichen Nacht Kairo erreichen. Das rhythmische »Na-ssir, Na-ssir« unisono aus

Tausenden von Kehlen verhallte unheilvoll in der dunklen Nacht.

Mir wurde angst und bange. Ich dachte: Wenn einer jetzt den Anfang macht und in den Nil geht, folgen die andern. Oder wenn einer zu randalieren beginnt, bleibt kein Stein auf dem anderen. Es wurde eine lange, bange Nacht.

Nasser hörte auf sein Volk und kam zurück. Das ägyptische Volk jedoch blieb nach dieser Erfahrung wie gelähmt.

In den folgenden Monaten jagte eine Hiobsbotschaft die andere. Die Israelis hatten vor einer nagelneuen Brücke in Edfu mit Hubschraubern Treibminen in den Fluss abgesetzt. Ferngesteuert trieben diese gegen die Brückenpfeiler, explodierten und hoben die Brücke an. Das Bauwerk sah zwar unversehrt aus, war aber nicht mehr zu benutzen. In Qena landeten die Israelis mit einem Hubschrauber in der Nähe der Nil-Brücke, stiegen getarnt mit ägyptischen Militär-Uniformen aus, setzten eine Bombe auf die Brücke, zündeten sie und hoben ab.

Natürlich kam auch der Tourismus zum Erliegen, die zweitgrößte Einnahmequelle des Landes. Das Volk litt unter Arbeitslosigkeit und Armut, aber am schlimmsten war für die Ägypter der Gesichtsverlust.

Auch wir litten. Wie ein Steinhagel prasselte die Kriegspropaganda Tag und Nacht vom Minarett der benachbarten Moschee auf uns hernieder. Eine fanatische Hetzstimme betonte das Wort »Amriiika« besonders scharf. Dann zogen wir unwillkürlich den Kopf ein. Verärgert schloss ich die Fenster. Aber dann wurde es unerträglich heiß im Zimmer, so dass Eberhard schon bald die Fenster wieder öffnete. Wir hatten die Wahl: entweder Hitze oder Hetze.

Als Deutsche mussten wir uns unauffällig verhalten. Wir durften Assuan nicht ohne Genehmigung verlassen. Unsere Briefe von und nach Hause gingen grundsätzlich durch eine staatliche Zensur, ebenso wurde jedes Telefonat mitgeschnitten. Und unten, am Eingangstor, saßen Tag und Nacht zwei Leute von der Geheimpolizei. Sie hatten die Aufgabe, zu beobachten, wer bei uns ein- und ausging.

In diesen Wochen gab es bei uns kaum noch Besuch aus Deutschland. Doch eines Abends klopfte es an unsere Tür. Zwei Damen aus Kairo hatten den Weg nach Assuan gewagt. Die Jüngere sagte, nun sei ihre Mutter aus Deutschland zu Besuch in Kairo, und da könne sie ihr einen Ausflug nach Assuan nicht vorenthalten.

»Wer in Ägypten war und Assuan nicht gesehen hat, der hat etwas Wichtiges versäumt.«

»Sie sind mutig, im Sommer nach Assuan zu reisen!«

»Mit dem Schlafwagenzug war das kein Problem, er ist gut klimatisiert, aber hier in Assuan scheinen die Klima-Anlagen dünn gesät zu sein.«

Sie schaute sich suchend im Raum um und wischte sich den Schweiß von der Stirn.

»Wir können gerne die Fenster aufmachen und die Abendluft hereinlassen, aber dann müssen wir die Lichter auslassen und im Dunkeln sitzen, es ist wegen der Verdunklungsvorschrift.«

»... die die Assuaner Bevölkerung total ignoriert. Auf unserem Weg hierher war jedes Haus hell erleuchtet, nur die ›Germanija‹ lag im Dunkeln.«

»Als Deutsche können wir es uns nicht leisten, so locker mit den Verboten umzugehen!«

Ich machte das Licht aus und öffnete die Fenster. Unten

auf der Nilufer-Promenade herrschte reges Treiben. Eine Mutter hatte es gerade nicht leicht mit ihrem dreijährigen Sprössling. Er hatte sich auf den Bürgersteig gesetzt und weigerte sich konsequent, weiterzugehen. Ich beobachtete sie eine Weile. Schließlich verlor die Mutter die Nerven und schrie ihn an: »Wenn du jetzt nicht kommst, hol ich dir einen Israeli!« Das half sofort.

Wir lachten leise über den Vorfall. Im Flüsterton tauschten wir uns über den Krieg aus mit all seinen sonderbaren Seiten, über die friedliebenden ägyptischen Bauern, die alles andere lieber und besser machen, als Krieg zu führen. Die Geheimpolizisten am Hauseingang hörten uns einige Male herzhaft lachen. Gewiss hätten sie gerne gewusst, was uns so fröhlich sein ließ.

Bevor unser Besuch sich empfahl, öffnete die ältere Dame ihre Handtasche. Sie legte uns ein Päckchen auf den Tisch. »Das ist Humana-Heilnahrung«, sagte sie. »Mein Mann hatte eine schlimme Darmgrippe. Wir wissen nicht, wohin mit der restlichen Milch. Ich dachte, in Ägypten kann sie sicher jemand gebrauchen.«

Ich war sprachlos. Und ob wir sie brauchen konnten! Die kleine Annette hatte gerade ihre erste Bekanntschaft mit der Amöbenruhr gemacht. Sie hatte das Schlimmste überstanden, aber jetzt fehlte mir die geeignete Aufbaunahrung. Mitten im Krieg, dazu mitten im Sommer kam das, was wir am nötigsten brauchten, noch bevor wir auf die Idee gekommen waren, es zu erbitten!

Ich begleitete die Damen nach unten, Annette auf dem Arm. Vor dem Tor hockten wie immer die Menschen auf dem Bürgersteig, schwatzend, Tee trinkend. Plötzlich entdeckte ich Fatima mit ihrem kleinen Sohn. Wahid war eigenartig verkleidet. Er trug die Kluft eines Franziskanermönchs: eine braune Kutte mit Kapuze, und um den Bauch eine weiße gedrehte Kordel – ein Minimönch.

»Was hat das zu bedeuten, Fatima?«

»Ich habe ihn Gott geweiht. Er soll später Mönch werden«, sagte sie laut hörbar. Aber dann kam sie nahe an mein Ohr und ergänzte: »Die bösen Geister werden einen kleinen Heiligen nicht antasten. Ich habe bereits drei Kinder im frühen Alter verloren, dieser hier soll durchkommen! Wenn er dann die drei ersten Jahre gut überstanden hat, werde ich ihn von seiner Kluft befreien.« Nun wurde ihre Stimme wieder normal: »Und wie geht es deinem Sahnekind?«

»Annette hatte die Amöbenruhr, aber jetzt geht es wieder bergauf.«

»Pass gut auf sie auf, damit der böse Blick sie nicht trifft!«

»Er wird sie nicht treffen können, weil Gott sie beschützt!«

»Der Herr erhalte sie euch!«

An diesem Abend gab es Wetterleuchten. Es blitzte pausenlos, aber es kam kein Regen. Dann donnerte es stundenlang. Wir konnten das Wetterphänomen einordnen und legten uns schlafen, die Ägypter aber liefen angstvoll zusammen. Sie durchwachten die lange Nacht, denn sie dachten, die Israelis seien im Anmarsch.

3. Den Ägyptern Ägypter werden?

Zufrieden betrachtete ich mein kulinarisches Meisterwerk: Gebratene Auberginen, Kichererbsenpüree, Sesam-Mus, duftendes Fladenbrot, Falâfel, gefüllte Weinblätter, eingelegtes Gemüse, gefüllte Täubchen, Frikadellen und Fisch, ganz frisch aus dem Stausee. Auch das Nachspeisen-Buffet konnte sich sehen lassen: bunt die sonnengereiften Früchte des Niltals, süß und teilweise fett die typisch arabischen Schlemmereien.

Wir hatten unseren Esstisch mittels einer Tischtennisplatte vergrößert, festlich gedeckt, und ich freute mich auf meine erste »Usuma«. Drei Tage lang hatte ich hart dafür gearbeitet. Normalerweise wird ein Festessen von den Frauen der Sippe gemeinsam ausgerichtet. Nun war ich die einzige Frau meines Mannes, was sich in dieser Situation als unpraktisch erwies. Tapfer hatte ich jedoch die Herausforderung angenommen, hatte geschnipselt, geknetet, gemengt und viel geschwitzt. Alles sollte typisch ägyptisch sein. Die Leute nannten uns nämlich immer noch »il Ägänib« – die Fremden –, das wollten wir nicht länger hinnehmen. Wie kann Vertrautheit besser entstehen als durch herzliche Gastfreundschaft?

Typisch ägyptisch tönte es aus dem Hintergrund: fröhliches Spatzengeschrei drang aus dem Garten durchs offene Fenster, und das nie endende Hupkonzert von der Niluferstraße war intensiver geworden. Die Leute waren hungrig und durstig auf dem Heimweg, während der Muezzin vom Minarett das Nachmittagsgebet ausrief. Die Sonne hatte ihren Höchststand längst überschritten und die Luft flimmerte.

Wir warteten auf unsere Gäste. Wenn sie höflich waren, würden sie nicht pünktlich eintreffen. Es blieb ein wenig Zeit, uns den Kulturknigge für Nichtorientalen zu vergegenwärtigen. Wie war das doch – also, der Hausherr ist zuständig dafür, dass die Gäste nie vor einem leeren Teller sitzen. Die Hausfrau sorgt für den Nachschub aus der Küche. Wenn die Gäste satt sind, lassen sie einen Rest auf dem Teller liegen. Wenn sie schmatzen, dann schmeckt es ihnen besonders gut. Wenn sie die Hausfrau mit kleinen Extrawünschen in Bewegung setzen, dann fühlen sie sich als Gäste wahrgenommen und geehrt. Nun denn ...

»Wundere dich nicht, wenn sie dich im Gespräch links liegen lassen«, erinnerte Eberhard mich. »Das ist Ausdruck ihrer Höflichkeit und hat nichts mit Verachtung zu tun. Wenn sie aber mit dir reden, dann schau ihnen nicht direkt in die Augen, das könnte dir falsch ausgelegt werden.«

»Seltsame Männerwelt«, dachte ich, aber da kamen sie schon: Mufid, der lustige Hans Dampf aus Luxor; Mohammed, der blasse Eigenbrötler; der sensible »Philosoph« Auwad mit dem feinen Pharaonengesicht, und Nagib, ein drolliger Dicker mit dichtem Kräuselhaar und energischem Kinn.

»Ahlan we sahlan, schön, dass ihr da seid. Bitte schön, tretet ein!«

Die Männer umarmten und küssten einander laut und herzlich. Dann bekam ich viermal sehr verhalten einen schlaffen Händedruck und bemühte mich brav, meine Augen niederzuschlagen.

»Bitte ruht euch aus! Unser Haus sei euer Haus!«

»Gott erhalte es euch!«

Eine Zeit lang tauschten wir bei einem Glas Limonade

Förmlichkeiten und Höflichkeiten aus, so wie es der Orient vorschreibt. Es würde eine gute Weile verstreichen, bis wir unsere Gäste zu Tisch bitten könnten, denn wir sollten nicht den Eindruck erwecken, wenig Zeit zu haben.

Die Stimmung bei Tisch konnte besser nicht sein. Wir schwatzten über Gott und die Welt und lachten über Mufids schier unerschöpfliches Repertoire origineller Oberägypterwitze. Nagibs Schmatzen und Schlürfen klang wie Musik in meinen Ohren. Mohammed bestellte sich eine Zitrone zur Fleischsuppe, die ich aus der Küche holte. Die Welt schien für uns alle ganz in Ordnung zu sein.

Auwad hatte ein schönes Kompliment bereit: »Deine Hände seien gesegnet, das Essen ist köstlich.«

»Gott segne dich auch«, erwiderte ich mit immer noch züchtig gesenktem Blick.

Die Usuma scheint gut anzukommen, lobte ich mich innerlich zufrieden, während ich den Nachschub aus der Küche holte.

Die Männer waren inzwischen bei einem schier unerschöpflichen Thema angelangt: »Allemania«. Das Wort »Deutschland« verbreitete in den sechziger Jahren des sozialistischen Ägyptens eine Faszination unter jungen Leuten, ähnlich wie das Stichwort »Tausend und eine Nacht« bei uns. Unsere Freunde schwärmten in buntesten Farben von einem uns wenig bekannten Schlaraffenland und waren fest entschlossen, später in diesem Land zu leben, viel Geld zu verdienen, steinreich zu werden. Eine deutsche Frau würden sie finden, dann, ja dann ... – und fast unbemerkt nahm die dritte Runde ihren Lauf.

Sie sind gute Esser, aber es ist mir schleierhaft, wo sie das alles hinstecken, dachte ich bei mir. Ich werde doch wohl genug ... – und während Eberhard Nagibs Teller zum vierten Mal füllte, meinte ich, einen Anflug von Besorgnis in seiner Miene zu entdecken. Aber der Orient hält für alle Verlegenheiten die passenden Formeln bereit.

»Ihr habt uns beehrt und unser Haus erleuchtet«, wandte er sich an unsere offenbar mordshungrige Tischrunde, und diese blieb ihm die passende Antwort nicht schuldig.

»Gott erleuchte euch auch«, tönte es im Sprechchor – aber es klang auffallend mühsam.

Eine Erleuchtung von oben könnte jetzt wirklich hilfreich sein, dachte ich. Hier kann etwas nicht stimmen! – Liebe Leute, warum wollt ihr ewig weiteressen? Die lockeren Gespräche waren verstummt. Die Männer trugen nun ihre Portionen in mühsamer Kleinarbeit ab, und Eberhard zählte heimlich die verbliebenen Hähnchenschenkel.

Nagib, das große Kind, landete endlich den Befreiungscoup. Er tätschelte seinen dicken Bauch liebevoll mit den Worten »full tank«, grinste und legte seinen Fisch zurück auf die Platte. Mufid, der vornehme Kairoer, folgte ihm geschwind mit den Worten: »Wirklich, glaubt uns, wir sind satt, wir können nicht mehr! Bitte versteht ...«

Natürlich verstanden wir – doch begriffen wir zunächst gar nichts. Was ging hier vor?

»Warum habt ihr euch denn so abgequält?«, wagten wir schließlich vorsichtig zu fragen.

»Ja, habt ihr denn nicht gemerkt, dass wir nicht mehr konnten?«, lautete die Gegenfrage.

Langsam kam mir die ersehnte Erleuchtung. »Ihr habt eure Teller leer gegessen, obwohl ihr satt wart?«

»Wir taten es, weil es bei Deutschen so Sitte ist!«

»Und wir haben eure Teller gefüllt, weil wir eure Regeln beachten wollten.«

»Unsere Höflichkeit erfordert es, den Fremden entgegenzukommen.«

»Und wir wollen nicht mehr die Fremden sein in einem Land, in dem wir lange wohnen werden und das wir lieben. Wir wollen zu euch gehören!«

Das Lachen blieb uns in der Kehle stecken, denn unser Zwerchfell war hoffnungslos eingeschnürt. So beschlossen wir, das Nachtisch-Büfett stehen zu lassen und einen starken Mokka zu brauen. Nähe war zwischen uns entstanden und machte ein offenes Gespräch möglich.

Wer übernimmt eigentlich die Spielregeln des andern, der Gast oder die Gastgeber?

Für unsere ägyptischen Freunde war das sonnenklar. »Der Gastgeber tut alles für den Gast, ganz selbstverständlich.«

»Dann hättet ihr als Gäste an unserem Tisch euch nicht zu verrenken brauchen«, lautete unsere Logik, aber schon wurden wir belehrt:

»Nein, ihr habt euch verbogen, ihr seid Gäste in unserem Land, deshalb richten wir uns nach euch.«

Das sollte nun einer begreifen!

Der unkomplizierte Mufid brachte schließlich alles auf einen Nenner: »Bleibt ihr, was ihr seid, Deutsche, und wir bleiben Ägypter, und wenn es Probleme gibt, dann müssen wir verhandeln, das ist doch ganz einfach!«

Es klang logisch, aber ist das wirklich so einfach?

Noch am selben Tag kippte Mohammed Mufids Theorie. Als seine Freunde sich verabschiedet hatten, war er geblieben, um eine persönliche Angelegenheit zu besprechen. Angespannt saß er da und spielte verkrampft mit den Fingern. »Da ist noch etwas Wichtiges«, druckste er herum. »Wie ihr wisst, ... es ist sehr schwierig für uns Ägypter ... ich meine, es ist sehr teuer ... unerschwinglich teuer ... wenn wir heiraten wollen. Ich bin nun schon über dreißig ... mein Vater hat mir einen Brief mitgegeben.« Umständlich fingerte er in der Brusttasche seines Jacketts und zog das Schriftstück heraus. Eberhard las angestrengt von rechts nach links.

»Nun, dein Vater hofft, dass wir in Deutschland eine Frau für dich finden?«

Augenblicklich zog ich es vor, mich mit den Töpfen in der Küche zu befassen. Ich wünschte meinem Mann alle Weisheit dieser Welt, dieses pikante Thema zu einem guten Abschluss zu bringen. Während ich den Raum verließ, hörte ich noch – oder hatte ich mich vielleicht doch verhört?: »Solch eine blonde Füllige wie deine würde mir auch gefallen.«

Vielleicht hat Mufid doch Recht mit seiner interkulturellen Patentformel, dachte ich, während ich mit den Töpfen klapperte. Eberhard wird sie jetzt anwenden und dabei – inscha allah – die orientalische Höflichkeit wahren.

Nach dieser denkwürdigen Einladung aßen wir eine Woche lang köstliche Nachspeisen. Sie trieften von Fett und waren mit viel Honig gesüßt. Ich gedieh dabei prächtig und entsprach jeden Tag mehr dem orientalischen Schönheitsideal. Deshalb beschloss ich: »Dies war meine erste und letzte Usuma!« Fortan würden wir unsere Kraft und Zeit für Wichtigeres aufsparen. In der Tat, wir hatten danach viele unvergessliche Stunden der Gemeinschaft mit Ägyptern – zuweilen bei Kartoffelsalat und Würstchen.

4. Ein Tag Honig – ein Tag Zwiebel

»Was für ein Bilderbuch-Sonntag!« Eberhard räkelte sich wohlig in der Sonne. »Man sollte nicht meinen, dass heute der 2. Februar ist. In Deutschland sitzen die Leute am Ofen und draußen ist es ungemütlich, nasskalt und neblig. Brrr, es schaudert mich, wenn ich nur dran denke! Was haben wir es gut, dass wir in Assuan leben!«

»Meinetwegen könnte hier immer Winter sein«, seufzte ich in Gedanken an den nahe bevorstehenden Sommer. Mein Blick wanderte vom Balkon über den Nilarm zur Elefantine-Insel. Kein Wölkchen war am tiefblauen Winterhimmel zu sehen. Auf dem Wasser gaben sich die eleganten kleinen Segelboote ein Stelldichein. Sie kreisten umeinander, hüpften mit den Wellen und kreuzten miteinander um die Wette gegen den Wind. Sie tun das seit Menschengedenken Tag für Tag, die altägyptischen Feluken mit ihren weißen, majestätischen Segeln.

Heute, an diesem strahlenden Sonntag, erschien mir die Nillandschaft anmutiger denn je. Vogelschwärme zogen kreischend ihre Bahnen. Die Luft fühlte sich an wie Samt und Seide.

Unten, am Nilufer, löste sich gerade eine voll besetzte Feluke vom Steg. Unser deutsches Krankenhaus-Team machte sich zu einer Segeltour auf. Übermütig winkten sie uns zu. Sie freuten sich auf die Erfrischung nach einer anstrengenden Arbeitswoche. Unsere zweijährige Annette im roten Kleidchen war auch mit dabei.

»Ich würde jetzt auch lieber segeln als Briefe schreiben«, seufzte Eberhard.

Das Boot nahm Kurs auf die Kitchener-Insel. Die Segel

blähten sich auf und trieben ihre fröhliche Gesellschaft mit Kraft voran. Nun schrumpfte Annettes Rot langsam zu einem Punkt zusammen, und die Feluke verschwand hinter einem Katarakt-Felsen.

Eberhard hatte sich bereits ans Schreiben gemacht, ich stand noch ein Weilchen und ließ meine Blicke wandern. Da hielt unten vor dem Portal ein Militär-Lastwagen. Etwa zwanzig Soldaten sprangen herunter, führten ein kurzes, lautes Gespräch mit dem Torhüter, stürmten unser Grundstück und besetzten blitzschnell alle Türen.

Es sieht so aus, als suchten sie jemanden, dachte ich nervös, als es auch schon Sturm läutete. Unser Torhüter Mohammed rief aufgeregt nach meinem Mann. Mohammed war umringt von breitschultrigen Männern mit reich verzierten Uniformen. Was hatten sie mit Eberhard vor?

»Koch uns einen Topf starken Tee«, sagte er zu mir und verschwand.

Die Offiziere überreichten Eberhard einen Besetzungsbefehl vom Gouverneur, der unsere fünfzig Krankenhaus-Betten und das Schwestern-Wohnheim nun angeblich dringend für den Krieg brauchte. Der oberste Offizier hatte einfach an Eberhards Schreibtisch Platz genommen.

»Und ab wann soll das gelten?«, fragte Eberhard

»Es ist bereits in Kraft getreten!« Der Offizier spielte lässig mit Eberhards Kugelschreiber.

»Innerhalb von zwei Stunden muss das Krankenhaus evakuiert sein, ebenso das Schwestern-Wohnhaus. Die Kranken mitsamt dem ägyptischen Personal sollen im Städtischen Krankenhaus aufgenommen werden. Die deutschen Schwestern haben die Wahl, abzureisen oder ins Kirchengebäude zu ziehen.«

Wir hatten die Botschaft verstanden – dies war ganz offensichtlich die oft gefürchtete Stunde X, das Ende unserer Arbeit in Assuan. Immer wieder einmal hatten wir darüber nachgedacht, wie es sein würde, wenn wir plötzlich unsere Koffer packen und das Land verlassen müssten. Es war uns bewusst gewesen, dass es jederzeit passieren könnte, aber jetzt, da es offensichtlich so weit war, traf es uns wie ein Schock.

Eberhard schlich wie ein geprügelter Hund zurück in die Wohnung. Er setzte sich an den Küchentisch, stützte die Ellenbogen auf und legte seinen Kopf in die Hände. Was nun?

Plötzlich stand er entschlossen auf und nahm den Telefonhörer ab. Ich wollte ihn warnen: »Pass auf, die Militärs sitzen auch an der Telefonzentrale!«, aber er sprach schon. Seine Stimme klang fest und gebieterisch. »Bitte eine Verbindung nach Kairo, aber schnell! Hier die Nummer!«

»Haaadir!«, tönte es unterwürfig zurück.

Es verging eine bange Minute, dann kam das untrügliche Zeichen, dass er mit der Welt verbunden war. Viele Stimmen schwirrten durcheinander. Man musste sich die gewünschte Person herbeischreien. »Schwester Lieselotte!? Schwester Lieselotte!! Hallo!? Sind Sie Schwester Lieselotte!!?«

Die Gemeindeschwester der deutschsprachigen Gemeinde verstand sich aufs Telefonieren. Während Eberhard unsere Situation schilderte, nutzte sie die Pausen, um zu bestätigen, dass die Verbindung noch bestehe. »Ja, ich habe verstanden. Ja, ich werde die Botschaft informieren. Ja, wir tun, was wir können.« Ihre Stimme war so weit weg, dass es einiger Fantasie bedurfte, um sie zu erkennen.

»Da hat mich der Soldat an der Zentrale offenbar für seinen Chef gehalten«, lachte Eberhard und rieb sich vergnügt die Hände, nachdem er aufgelegt hatte.

Inzwischen trudelten schon die Dienst habenden Mitarbeiter zur Nachmittagsschicht ein. Ein Soldat an der Pforte? Soldaten im Garten, vor allen Türen? Was sollte das heißen?

»Das ist das Ende der ›Germanija‹«, waren sich unsere Krankenhaus-Mitarbeiter sicher.

Einige setzten sich still nebeneinander auf ein Mäuerchen und begannen zu trauern. Andere schauten im Hospital nach, ob sie sich nützlich machen könnten. Unter der Aufsicht der Militärs standen die Patienten aus ihren Betten auf. Sie packten ihre Habseligkeiten in ein Bündel, verknoteten es, legten es über die Schultern, verließen das Gebäude und bestiegen das Militär-Fahrzeug. Ein Sterbender und eine Gebärende durften unter unserer Obhut bleiben.

»Alle Krankenhaus-Mitarbeiter sollen sich so schnell wie möglich im Regierungs-Krankenhaus einfinden«, ordnete der Offizier mit lauter Stimme an.

Hamido, Sawiris, Nagib und Mohammed, unsere Köche, setzten sich über die Anordnung hinweg. Sie halfen den deutschen Schwestern, ihre Habseligkeiten und ein paar Säcke mit Lebensmitteln ins Kirchengebäude zu schaffen. Das sollten sie mit Stockschlägen büßen – und spätestens da wussten wir, dass unsere Lage ernst war.

Vor dem Eingangstor hatte sich eine riesige Menschentraube gebildet. »Was ist denn hier los?«

»Dies ist nun ein Militär-Hospital!«

»Was soll das heißen?«

»Die Deutschen müssen gehen, weil sie israelische Spione versteckt haben! Die Doktora hat dem Chef ein winzig kleines Mikrofon unter den Daumennagel operiert, so dass er mit den Feinden Kontakt haben kann.«

Am Abend dieses Tages stand unsere Welt auf dem Kopf. Das Krankenhaus war leer. Unsere vierköpfige Familie hatte sich verdreifacht. Die Schwestern mitsamt ihrem Hab und Gut waren bei uns über der Kirche eingezogen. Wir saßen eingeschüchtert zusammen in der Küche, dem einzigen Ort, der nicht durch Betten zugestellt war. Es war nicht das erste Mal, dass wir miteinander in große Not gerieten. Gewöhnlich holten wir uns in solchen Situationen Mut aus einem Lied. Jemand wünschte sich »Ein feste Burg ist unser Gott«, und wir sangen uns die Angst und Enge von der Seele. Dann versuchten wir, das Erlebte einzuschätzen.

Es war der letzte Abend für Inge, unsere Au-Pair-Hilfe. Sie hatte keine Arbeitsgenehmigung und war fristlos ausgewiesen worden.

Wir dachten an die bösen Verleumdungen, die jetzt in der Stadt kursierten, und an die Gewaltbereitschaft der Besatzer. Schweren Herzens entschieden wir uns, einen Koffer für die kleine Annette zu packen. Inge war ihr bestens vertraut. Sie würde sich in Deutschland um sie kümmern, bis wir bald nachkommen würden.

Währenddessen ging die Nachricht von unserer Notlage bereits durch die europäischen Medien. Schwester Lieselotte hatte gute Arbeit geleistet.

An diesem Abend, ziemlich spät, kämpfte sich unser Freund Mohammed an den Posten vorbei bis vor unsere Tür. »Ich habe meinen Bruder Ibrahim angerufen«, sagte er und lachte verschmitzt. »Ibrahim sitzt im Parlament.

Morgen soll eine wichtige Sitzung stattfinden. Das Parlament will darüber beraten, wie das ägyptische Image in der Welt verbessert werden kann. Ich habe gesagt: ›Ibrahim, ganz Assuan schaut auf dich. Die ›Germanija‹ ist für uns wie ein Waisenhaus. Tu was für uns Assuaner! Das Volk ist wütend. Mit solchen Schurkenstreichen wird unser Image in der Welt eher zugrunde gerichtet!‹«

Nach einer Pause fuhr er fort: »Wisst ihr eigentlich, dass zurzeit in vielen assuanischen Häusern bei Christen und Muslimen um euretwillen gefastet und gebetet wird? Es darf nicht sein, dass wir die ›Germanija‹ verlieren!«

Nun holte er ein Glas Honig aus der Tasche und stellte es auf den Tisch. »Bei uns sagt man: ›Jom aßl – jom baßl, ein Tag Honig – ein Tag Zwiebel.‹ Heute ist für euch Zwiebeltag, versüßt ihn euch, so gut es geht.«

Der nächste Morgen brachte uns einen schweren Abschied. Annette hüpfte putzmunter an der Hand ihrer geliebten Inge und winkte uns lachend zu, bevor die beiden mit dem Bus verschwanden. Wann würden wir sie wiedersehen? Wie würde es uns bis dahin ergehen? Sollten wir Mohammed glauben, dass uns die Assuaner freundlich gesonnen waren? Hatten wir nicht oft genug erlebt, wie schnell die Stimmung im Volk kippen konnte? Wie würden die Assuaner die Lüge der Soldaten über uns, die »bösen Spione«, aufnehmen?

Tatsächlich machte die Bevölkerung ihrem Zorn Luft, aber, oh Wunder, in die entgegengesetzte Richtung! Sie stürmten das Telegrafenamt und schickten unzählige Protest-Telegramme an den Präsidenten.

Hamido brachte uns Brot aus eigener Produktion. Die Wachen am Tor wollten ihn zurückhalten, aber der sonst stille Mann setzte sich selbstbewusst durch: »Das sind meine Freunde! Man wird doch wohl noch gute Freunde besuchen dürfen!«

Dann kam unser Freund Dr. Habib und läutete die Kirchenglocke. Er forderte die aufgebrachte Menge vor dem Tor auf, mit uns einen Bitt-Gottesdienst zu feiern. Sie kamen spontan, ignorierten die protestierenden Wächter und sagten: »Die Kirche ist ein neutraler Ort, sie ist nicht besetzt, hier können wir zusammenkommen, so lange und so oft wir wollen.«

So viel Zivilcourage hatten wir nicht erwartet! Wir konnten es kaum fassen: Keiner glaubte die Märchen, mit denen man das sonst so geschichtenfreudige Volk gegen uns aufzuwiegeln versuchte. Die Rechnung schien für die Besatzer nicht aufzugehen.

Drei Tage nach dem Überfall erschien ein Minister aus Kairo, um uns die versiegelten Türen zu öffnen. Er wünschte uns einen guten Fortgang unserer Arbeit und entschuldigte sich im Namen des Präsidenten. Dieser hatte inzwischen den Gouverneur von Assuan versetzt.

Wie ein Lauffeuer verbreitete sich die Nachricht von dem glücklichen Ausgang der Besetzung. Aus allen Richtungen kamen die Leute herbei und inszenierten ganz spontan ein wundervolles Freudenfest vor dem Portal der »Germanija«. Zum Fröhlichsein brauchen Ägypter nichts weiter als ein paar Trommeln. Die Menschen tanzten und trillerten, die bunte Menge wogte hin und her. Das Blatt hatte sich wider Erwarten wunderbar gewendet – es war goldener, süßer Honigtag.

Ich allerdings schluckte noch ein paar Wochen lang Zwiebeln und Honig gleichzeitig. Ich hatte Sehnsucht nach unserer kleinen Tochter, die nun im kalten Deutschland den ersten Schnee ihres Lebens erlebte. Unsere kleine

Dorothee lag im Babykorb und tat ihr Bestes, um uns zu trösten. Die Tage bis zu Annettes Rückkehr, zusammen mit Oma und Opa, schlichen für mich in Zeitlupe dahin.

Annette brachte aus Deutschland als Souvenir viel Schnupfen und Husten mit. Aber unsere Oma kannte ein hilfreiches Hausrezept gegen alle Arten von Erkältung: Sie zerkleinerte ein Kilo Zwiebeln, kochte sie gut durch, schüttete sie durch ein Sieb und süßte den Sud reichlich mit Honig! Eine bessere Medizin gibt es nicht!

5. Mein Gott – dein Gott?

Hanafi erhob sich von seiner Wasserpfeife und strahlte über sein ganzes Gesicht. Ein schneeweißer, sorgfältig geschlungener Turban und eine edle Galabija, das traditionelle weite Gewand der Ägypter, betonten seine würdige Ausstrahlung. Seine Körperfülle, der behäbige Gang ließen ihn zehn Jahre älter aussehen, als er wirklich war. Er scheuchte zwei kleine Katzen ins Hinterzimmer, zündete eine Funzel an und holte einen schiefen Hocker herbei. »Bitte schön, Madame.« Dann klatschte er in die Hände. Irgendein Familienmitglied wartete hinter dem Vorhang auf seine Bestellung. »Was darf ich dir zu trinken anbieten?« Hanafis Harem bereitete den besten Pfefferminztee der Welt zu.

Der kleine, schlauchförmige Laden war eine Fundgrube nubischer Kostbarkeiten, uriger Antiquitäten, handgemachter Gebrauchsgegenstände aus Holz oder Metall, Palmenrispen oder Leder, Stoff oder Alabasterstein.

Wenn mein Alltag in Assuan grau und langweilig zu werden drohte, wenn das ewige Einerlei des Familienlebens an meinen Nerven zerrte, machte ich meinen kleinen Spaziergang zu Hanafi. Ich ging die fünfzig Schritte, mit oder ohne Kind auf dem Arm, öffnete die uralte, morsche Tür und ließ mich von der Atmosphäre seines kleinen Paradieses verzaubern.

Unweigerlich wanderten meine Blicke in den oberen Bereich des Ladens, dahin, wo die großen und kleinen ausgestopften Alligatoren mit weit aufgerissenen Mäulern ihre spitzen Zähne zeigten. Darunter hingen Messingtöpfe, Kupferkessel, verschnörkelte Messinglampen, Ledertaschen und Galabijen in lustigen, bunten Farben. Unten, in Augenhöhe, glitzerten unzählige bunte Ketten, Ohrringe, Armbänder aus winzig kleinen Glasperlen oder Palmenfrüchten. Auf der Erde standen, kunstvoll gearbeitet, die Guffen aus Palmenrispen – die bunt geflochtenen Körbe, gefüllt mit den roten Teeblättern des Kerkedestrauchs und mit Tamarindenfrüchten.

Hanafi hatte viel Zeit. Ich erklärte ihm, was ich suchte. Ich wollte meiner Mutter eine nubische Perlenkette zum Geburtstag schicken, eine von der unverwüstlichen Sorte, die jedes Enkelkind überlebt. Sie sind kunstvoll gearbeitet, aus vielen kleinen, glitzernden Glasperlen zusammengefügt und verknüpft.

Hanafi brachte ein Sortiment aus vielen leuchtenden Farben. Ich prüfte die Qualität und ließ eine schwarze Kette durch meine Hand gleiten.

Da: ein kleiner Fehler! Wie kann das passieren, dass sich eine einzige gelbe Perle in eine schwarze Kette verirrt? Ich legte sie zurück und nahm mir die nächste Kette vor. Kopfschüttelnd legte ich auch diese beiseite – sie war auch nicht in Ordnung.

Als ich bei der dritten Kette wieder einen Fehler entdeckte, wurde ich ärgerlich. »Sag mal, Hanafi, hast du denn keine ordentliche Kette anzubieten?«

»Ordentlich, was meinst du damit?«

»Ich meine, wenn eine Kette schwarz ist, dass sie dann wirklich ganz schwarz sein muss, und nicht an einer winzigen Stelle gelb, verstehst du?!«

Hanafi stutzte einen Augenblick, dann fing er an, schallend zu lachen. »Madame, wir bauen in jede Handarbeit einen kleinen Fehler ein. Warum? Weil wir uns bewusst sind, dass Menschen nicht perfekt sein können. Nur Gott ist perfekt. Mit diesen kleinen, absichtlichen Fehlern ehren wir Gott, der keine Fehler macht. Wenn du zu Hause deinen Teppich einmal genau anschaust, wirst du auch dort irgendwo den eingearbeiteten Fehler finden – es sei denn, ein Christ hätte ihn gewebt.«

»Meinst du damit, Hanafi, dass die Christen sich für perfekt halten?«

»Ich weiß nicht, was die Christen über sich denken. Aber ich glaube, dass sie falsch über Gott denken.«

»Wie meinst du das?«

»Sie reden davon, dass Gott einen Sohn gezeugt hat. Der heilige Gott verhält sich doch nicht wie ein Mensch! Und dann soll er ihn auch noch geopfert haben. Beides ist Lüge, das glaube ich. So grausam kann Gott nicht sein! Und dann beten die Christen drei Götter an – das ist eine Todsünde, sagt der Koran.«

So direkt hatte es mir bisher niemand gesagt. Wie sollte ich jetzt antworten, so dass er mich verstehen könnte? Während ich noch nach Worten suchte, fuhr Hanafi bereits fort: »Madame, wie kann ein so guter Mensch wie du keine Muslima sein?« Jetzt legte sich seine Stirn in Falten, er dachte nach, dann verschwand er hinter dem Vorhang und kehrte mit einem Rosenkranz zurück. »Hier, den schenke ich dir. Bete ihn jeden Morgen, dann wirst du Gott gefallen. Jede der dreiunddreißig Perlen steht für drei Namen Gottes, ich kenne sie alle.« Und er begann, die Namen Gottes aufzusagen wie ein Koranschüler in der Moschee.

»Diese Namen sind uns Christen auch bekannt«, sagte ich, »aber einen Namen habe ich vermisst. Der Name ›Vater‹ fehlt bei euch, für mich ist er der wichtigste. Gott ist für mich wie ein liebender Vater. Er kennt meine Sorgen und meine Freuden und kümmert sich persönlich um mich, so wie du dich um deine Kinder sorgst.«

Hanafi entrüstete sich: »Aber du kannst doch Gott nicht mit einem Menschen vergleichen! Er ist der Größte und weit über uns, das sagt der Koran, und der Koran ist die Offenbarung Gottes.«

Hanafi und ich kamen nicht auf einen Nenner. Zu groß war die Kluft, die sich zwischen uns aufgetan hatte. Dennoch verabschiedeten wir uns als Freunde. »Ich lade euch ein zu meinem großen Fest, wollt ihr kommen?«

»Hast du einen runden Geburtstag?«

»Nein, nein, hat es sich denn noch nicht herumgesprochen? Ich mache die Hadsch!«

»Du willst die Pilgerreise nach Mekka machen?«

»Ja, im ›Monat der Wallfahrt‹ werde ich endlich reisen, ich habe lange dafür gespart. ›Hadsch Hanafi von Assuan‹ werden mich die Leute dann nennen.« Hanafi schlug sich begeistert auf die Schenkel. »Ich werde mein Haus bunt anmalen und all meine Freunde einladen.«

»Ich wünsche dir eine gute Reise, und komm gesund zurück, und natürlich werden wir dich besuchen. Maa salama, Hanafi.«

Ich hatte eine schöne Sammlung unvollkommener Perlenketten gekauft. Wer weiß, wann und wie oft ich Gelegenheit bekommen würde, Hanafis kleine geistliche Lektion mit guten Freunden zu teilen!

Ein paar Wochen später hörte ich an einem frühen Morgen die Totenklage. Ich schaute hinunter auf die Nilpromenade und sah den Trauerzug näher kommen. Acht Männer trugen eine Bahre, darauf lag ein schwerer

Leichnam unter einem weißen Tuch. Etwa zwei Dutzend Galabijenmänner folgten der Bahre schweigend. Weiter unten standen die Klageweiber. Sie machten bizarre Tanzbewegungen und bewarfen sich mit Straßenstaub.

Hanafi lebte nicht mehr.

Wir besuchten die Familie in ihrem Trauerzelt. Die Witwe, ihre Kinder und Verwandten saßen vierzig Tage zusammen, so wie es Brauch ist. Trauerbesucher kamen und gingen. Man trank starken, ungesüßten Kaffee.

»Er war erst zweiundvierzig«, klagte die Witwe. »Er war immer gesund, hatte immer guten Appetit, und plötzlich traf ihn der Herzschlag. Warum muss ein so guter Mensch so früh gehen? Er hat fast alle Gebote der Religion gehalten. In diesem Jahr wollte er nach Mekka pilgern, er hat dafür lange gespart. Und seht, wie klein seine Kinder noch sind! Was wird aus ihnen werden? Wir waren eine glückliche Familie, jetzt sind wir wie ein Garten ohne Zaun. Hanafi, oh mein Hanafi!« Sie rang die Hände, weinte hemmungslos und ließ sich von ihren Verwandten stützen.

»Gott sei ihm gnädig«, sagte sein betagter Onkel, der aus Kairo angereist war. Sein Tod so kurz vor der Pilgerreise ist ein tragischer Tod. »Vielleicht wird Gott ihm gnädig sein.«

6. Dürfen Engel schmatzen und schlürfen?

Früher hätte ich behauptet: »Nein, so etwas tun Engel nicht!« Dann aber kam jener unvergessliche Urlaub in Alexandrien, und seitdem weiß ich mehr über die himmlischen Heerscharen und deren Einsatzzentrale.

Wir hatten Assuan im Hochsommer gerne den Rücken gekehrt. »Die Perle des Nils«, das Städtchen am ersten Katarakt, zieht zwar Romantiker aus aller Welt an, aber im Sommer versinkt es in einen bleiernen Dauerschlaf – dann wird es unerträglich heiß in Assuan. Nicht nur die Menschen und die Tiere leiden, nein, auch die Dinge, die uns den Alltag erleichtern sollten, werden lustlos: Die Waschmaschine streikt, der Aufzug bleibt stehen, das Hoftor verzieht sich. Wer einen fahrbaren Untersatz hat, macht sich auf ans Mittelmeer.

Über tausend Kilometer den Nil entlang zu reisen, auf schlechten und übervölkerten Straßen, ist sehr beschwerlich – wohl dem, der Freunde am Weg hat! In Alexandrien angekommen, fühlt man sich jedoch tausendfach belohnt für die Strapazen der Reise. Eine frische Brise vom Meer weckt die Lebensgeister des matten Oberägypters. Der Tag bringt ein erquickendes Bad in den Wellen, die Nacht schenkt einen gesunden und tiefen Schlaf.

Gerade hatten wir unseren Sommerurlaub am Meer beendet und mussten Abschied nehmen. Dieser Julitag aber war so ungewöhnlich schwül, wie wir das in Alexandrien nie erlebt hatten. Kein Lüftchen rührte sich. Schon nach dem Frühstück hätten wir ein zweites Mal duschen können, und – nicht auszudenken: wir reisten in den noch heißeren Süden!

Draußen lief der Count-down vor der Abfahrt. Eberhard hatte das Gepäck bereits auf den Dachträger geladen und gründlich befestigt. Er prüfte noch einmal den Ölstand und den Reifendruck. Unsere kleinen Töchter Annette, Dorothee und Christina tanzten aufgeregt um den Käfer herum. Sie fanden es toll, dass auch Margrit mitkommen würde. Ihretwegen wollten sie auf der Rückbank gerne enger zusammenrücken.

Margrit war eine lustige, zierliche Schweizerin mit leuchtend blauen Augen und einem blonden Wuschelkopf voller Unternehmenslust. Sie arbeitete als Hebamme in Assuan und hatte sich im Urlaub zu uns gesellt. Eigentlich hätte sie noch ein paar Tage am Meer bleiben können. Aber ein paar heiratsfreudige Araber hatten sie Tag und Nacht umschwirrt wie die Bienen ein Honigtöpfchen, und ohne uns wusste sie den lästigen Schwarm nicht mehr loszuwerden. Margrit quetschte sich zwischen die Kinder auf den Rücksitz.

Eberhard schaute noch einmal besorgt nach dem Gepäck. Sein T-Shirt war mittlerweile nass geschwitzt. »Heute brauchen wir einen besonders aufmerksamen Schutzengel«, sagte er, während er sich ans Steuer setzte. »Bei dieser Affenhitze können wir uns keine Reifenpanne leisten.« Nun sprach er das Reisegebet und sagte: »Lieber Vater, du siehst uns und kennst auch die ägyptischen Straßen. Bitte bewahre uns vor einer Panne.« Ich dachte: Das ist wirklich ein kühnes Gebet. Noch nie sind wir bisher ohne Reifenpanne gereist. – Langsam rollte das überladene Auto an.

»Die Schutzengel, die schickt der Gott, wenn die Menschen einen nötig brauchen«, meinte Annette, und Dorothee ergänzte wissend: »Aber nur, wenn die auch lieb sind!« Unser zweijähriges Tinchen hatte es sich – Engel hin, Engel her – auf Margrits Schoß bequem gemacht. Ihr war nicht nach Philosophieren zumute, sie untersuchte fasziniert einen Waschhandschuh, der mit Eiswürfeln gefüllt war.

Der schwer beladene Käfer arbeitete sich geduldig durch den lebhaften Morgenverkehr Alexandriens. Es hupte, bimmelte, klingelte und schepperte um uns herum. Fahrradfahrer und Eselskarren forderten ihr Recht ebenso wie hochglanzpolierte Karossen und zerbeulte, schrottreife Oldtimer. Zwischendrin tummelten sich die Zeitungsverkäufer, Schuhputzer, Blumenhändler, Gemüseverkäufer, Bettler und Zuckerbäcker. Geschickt nutzten sie den trägen Verkehrsfluss und wickelten ihre Geschäfte durch die offenen Autofenster ab. »Die Eile ist vom Teufel«, sagt man in Ägypten.

Endlich hatten wir die Stadt im Rücken und genossen den lauen Fahrtwind. Der Asphalt auf der Delta-Autobahn war bereits weich, die Luft flimmerte. In der Hitze sah es so aus, als spiegelten sich kleine Wasserpfützen auf der Fahrbahn. Wir wurden eins mit der Blechlawine, die sich hupend und stinkend gen Süden wälzte. Wenn alles gut ging, würden wir in vier Stunden bei unseren holländischen Freunden Maja, Piet und ihren Kindern in Kairo am Mittagstisch sitzen. Wenn ...!

Was die Ägypter damals eine Autobahn nannten, war in unseren Augen eine breite, schlecht befestigte Rennbahn, auf der jeder fuhr, wie er wollte. Je dicker das Automobil, desto mutiger sein Besitzer. Die wichtigste Regel war, niemanden zu Schaden zu bringen. Passierte es jedoch, konnte nur Fahrerflucht das Leben des Fahrers retten, vorausgesetzt, sein Auto fuhr noch. Es gab keinen Straßenservice, keine Unfallhilfen, kein Not-Telefon, kaum Gaststätten – aber der Reiz der Delta-Region ersetzte dem fremden Reisenden alles, was er an Annehmlichkeiten entbehrte.

Das frische Grün der erntereifen Felder im Nil-Delta tat unseren Augen gut. Bunt gekleidete Fellachen-Familien gingen ihrer Feldarbeit nach. Hier wurden Rüben gehackt, dort ein Esel mit Grünfutter beladen. Eine Büffelkuh mit verbundenen Augen betrieb wie zu Josefs Zeiten eine uralte Drehvorrichtung, genannt Göpelwerk, und bewässerte so die Felder. Im reifen Baumwollfeld ließen sich die Ibisse in Scharen nieder. Die eleganten weißen Vögel fanden hier in der aufgehackten Erde einen reich gedeckten Tisch. Ein kleiner Fellachenjunge lenkte seinen Eselskarren vom Feld auf die Straße und fädelte sich geschickt in den regen Verkehr ein. Seine Tomatenernte konnte sich sehen lassen.

Plötzlich stand groß und selbstbewusst ein Kamel am Wegrand. Sein Rumpf war unsichtbar unter der Last der Zuckerrohrladung. Es ertrotzte sich die Vorfahrt und überquerte majestätisch die gefährliche Bahn. Notgedrungen gehorchte ihm die Blechlawine.

Mit Augen, Ohren und Nasen nahmen wir auf, was uns das Delta-Leben vorführte. Wir hätten uns in einem spannenden Film fühlen können, wäre es nicht so unerträglich heiß gewesen, und hätte sich Eberhard nicht hochkonzentriert am Steuer betätigt. Nun lenkte er den Käfer behutsam an den Straßenrand.

»Das Auto hat einen verdächtigen Rechtsdrall«, murmelte er, »ich muss nachschauen.«

»Eine Reifenpanne?« Annette sah mich entsetzt an. Hatte uns unser Schutzengel etwa im Stich gelassen? – Tatsächlich, ja, es war nicht zu fassen!

Eberhard und Margrit arbeiteten routiniert Hand in Hand, als hätten sie schon ewig Reifen gewechselt. Während sie das überladene Auto flickten, stand ich mit den Kindern wie angewachsen am Straßenrand. Unser quirliges Völkchen hatte keine Chance, sich auch nur einen Meter von der Stelle zu bewegen. Tosend rauschte die Blechlawine vorbei, zum Anfassen nah. Hinter uns tat sich ein Abgrund auf, an dessen unterem Ende ein Jauchetümpel vor sich hin moderte. Über uns stand gnadenlos die sengende Julisonne. Ein paar Schmeißfliegen gesellten sich zu uns und ließen nicht mehr von uns ab. Der Staub der Straße vermischte sich mit dem Schweiß auf unseren Gesichtern, und der heiße Wind brannte in den Augen.

»Es ist gemein, dass unser Schutzengel nicht auf uns aufgepasst hat!« Annette war sauer, sie wünschte sich nichts sehnlicher, als bald in Kairo zu sein, wo ihre Freundin Anne auf sie wartete.

Unsere Stimmung war auf dem Nullpunkt angekommen, als der Käfer endlich wieder fuhr. Die Kinder trösteten sich mit dem restlichen lauwarmen Wasser aus ihren Plastikflaschen und suchten an Margrits Schulter ein Plätzchen für ihre erhitzten Köpfe.

Wir stellten uns vor, wie unsere Freundin Maja und Mohammed, der nubische Koch, jetzt die Kochlöffel schwangen und wie es in ihren Töpfen brodelte und schmorte. Unsere Mägen knurrten, und wir sehnten uns nach der Kühle eines Hauses mit einem schattigen Garten – aber unser Ziel war noch sehr weit.

Da, plötzlich erschreckte uns ein lang gezogenes Hupsignal. Ein kleines, rotes Auto überholte uns blitzschnell und war unseren Blicken sofort wieder entschwunden.

»So rast man, wenn man lebensmüde ist«, sagte Eberhard und schüttelte verärgert den Kopf.

Schon nach zehn Minuten sollten wir das kleine Rote wieder sehen. Sein Fahrer stand wild gestikulierend am Wegrand. Während Eberhard vorsichtig in eine Haltebucht zurücksetzte, sträubte sich in mir alles gegen eine zweite Verzögerung. Wozu ausgerechnet wir?

Der Mann lief uns entgegen. Er zitterte am ganzen Körper. »Madame! Kommen Sie mit mir!«

»Ich?«

»Kommen Sie schnell – eine Geburt! Helfen Sie, schnell!«

Ich spürte, wie der Schock mich lähmte, aber ein energischer Tritt von hinten in meine Rückenlehne ließ mich sofort wieder lebendig werden.

»Los, Brigitte, lass mich raus!« Blitzschnell war Margrit in Aktion: »Eberhard, ich brauche eine Schere, einen Faden, ein Desinfektionsmittel und ein Kreislaufmittel – und Wasser!« Und schon war sie in dem kleinen, roten »mobilen Kreißsaal« verschwunden.

Eberhard riss das Gepäck vom Dachträger. Während er das Nötige zusammensuchte, beschwor ich meine Küken: »Hört zu, bleibt einen Moment allein, ich bin bald wieder hier, vielleicht werde ich nötig gebraucht!«

Ich beruhigte den Mann und seine weinenden Töchter, während Margrit dem soeben geborenen, blau angelaufenen Baby mit einem Klaps auf den Po den ersten Schrei entlockte.

Ich hatte nicht bemerkt, wie meine Kinder mir gefolgt

waren, um sich auf dem Fahrersitz des fremden Wagens zu einem anschaulichen Aufklärungsstündchen zu versammeln. Mit großen Augen verfolgten sie das Geschehen auf dem Rücksitz – ein neuer Erdenbürger, noch durch seine Nabelschnur mit der Mutter verbunden, wurde ins Leben geholt.

Margrit hielt das nackte, verschmierte Baby in der Hand. Es schrie entrüstet und ruderte hilflos mit den Armen. Seine Mutter nahm mit einem entspannten Lächeln wahr, dass jemand da war, der sich um das Kind kümmerte. Schere und Zwirn für die Nabelschnur waren zur Stelle. Ein Fläschchen Kölnisch Wasser ersetzte das fehlende Desinfektionsmittel. Fachgerecht nabelte die Hebamme das Kind ab.

Mit Frotteetüchern und Wasser aus der Plastikflasche ging es nun in eine kosmetische Runde, und bald hatte die hübsche Ägypterin ein bildschönes, schwarz gelocktes, rosiges Mädchen im Arm – eingehüllt in ein buntes Frotteetuch, ballte es die winzigen Hände zu Fäusten und blinzelte seine Mama aus dunklen Augen neugierig an. Wir verwöhnten die junge Frau mit einem Rest Kaffee aus unserer Thermoskanne, während der frisch gebackene Vater bei einer Zigarette langsam zu sich kam.

Unaufhaltsam donnerte der Verkehr an uns vorbei, aber wir nahmen ihn nicht wahr. Wir spürten auch die Hitze nicht mehr. Wir feierten die Ankunft eines Kindes, dessen Eltern wir nicht kannten, an einem Platz ohne Namen und ohne Komfort – wir hatten unser Zeitgefühl verloren und alle widrigen Umstände vergessen. Als wir uns zur Weiterfahrt aufmachten, blieb unser Pannenfrust wie ein Häufchen Müll in der Haltebucht zurück.

Nun aber wurde es erst richtig spannend, denn die

Kinder löcherten uns mit tausend Fragen. Jetzt wollten sie alles über ihre eigene Geburt wissen – und als sie wirklich alles erfragt hatten, wusste Dorothee doch immer noch nicht, in welchem Auto sie zur Welt gekommen war …

Annette war nachdenklich geworden. »Margrit, was ist das, ein Mäläk?«

»Das ist ein Engel!«

»Sie hat zu dir gesagt: ›Inti Mäläka.‹ Bist du ein richtiger Engel?«

»Das hat sie gesagt, weil ich ihr geholfen habe – aber ich bin ein ganz normaler Mensch, und im Moment sehe ich eher aus wie ein Unmensch. Manchmal müssen wir Menschen spontan Engelsdienste übernehmen.«

Die Kinder musterten Margrits ölverschmierte Jeans und ihr blutbespritztes T-Shirt. Dorothee war nicht einverstanden. »Aber ein richtiger Engel sieht anders aus. Der hat ein langes, weißes Kleid und ist ganz schön, und hat zwei Flügel, mit denen kann er fliegen – ganz weit!«, sagte sie.

»Dieser Autobahn-Engel hatte schwere und schmutzige Arbeit zu tun. Gut, dass er zufällig Arbeitskleidung trug, und Flügel hätten ihn in seinem Job nur behindert«, mischte sich Eberhard ein. Margrit schmunzelte: »Gut, dass der Autobahn-Engel so tüchtige Assistenten hatte. Sie haben geholfen, wo sie konnten, bis alle Arbeit getan war. Und die drei kleinen Engel waren so geduldig und haben nicht gemeckert.«

Eine lange, nachdenkliche Pause entstand. Dann brach unsere Älteste das Schweigen: »Warum hat denn die Frau gesagt: ›Es ist nur ein Mädchen‹?«

»Hat sie das gesagt?«

»Ja, ich hab es deutlich gehört!«

»Vielleicht hatte sie sich einen Jungen gewünscht, weil sie schon zwei Mädchen hat.«

Wie um alles in der Welt sollte ich meinen kleinen, lebenslustigen Mädchen klar machen, warum in Ägypten fast jede Frau sich irgendwann in ihrem Leben wünscht, als Junge geboren zu sein?

In Annettes Kopf mahlten unterdessen die Mühlräder weiter. »Es ist gut, dass unser Schutzengel nicht ... Es ist gut, dass wir die Panne hatten! Hätten wir sie nicht gehabt ...«

»Was dann?«

»Dann hätte das Baby vielleicht keinen Schutzengel gekriegt!«

Die Sonne stand bereits tief, als wir unser Tagesziel erreichten. Da lag sie vor uns, die graue Millionenstadt Kairo mit ihren unzähligen Türmen unter einem dichten Dunstschleier. Die blutrote Sonnenscheibe versuchte vergeblich, ihn zu durchdringen, und die Gebetsrufer riefen aus allen Himmelsrichtungen zum Abendgebet. Der treue Käfer fand ein schattiges Plätzchen unter einer uralten, weit ausladenden Sykomore.

Mohammed, der schwarze Nubier, hatte mit seinem üppigen Begrüßungsmahl geduldig auf uns gewartet. Nun stand er beobachtend im Hintergrund, während das bärenhungrige Engelsvolk sich über die duftenden Schüsseln und Platten hermachte.

Maja sagte: »Wenn es euch gut schmeckt, dann gebt es Mohammed zu verstehen und vergesst einfach eure deutschen Tischsitten!«

Margrit, unser Leitengel, verstand zuerst, was sie meinte, und fing an, genüsslich zu schmatzen. Eberhard schlürfte sein Stella-Bier genießerisch in sich hinein. Dann fiel auch das engelische Fußvolk begeistert in das ungewöhnliche Tischkonzert ein – es war eine himmlische Tafelmusik.

7. Ein ägyptischer Seiltanz

Samiha war siebzehn Jahre alt, als das Ungeheuerliche passierte. Sorgenschwer erschien ihr Vater mit ihr in unserer Klinik, denn bald wäre es nicht mehr zu übersehen, dass sie ein Baby erwartete. Das Mädchen trug ein schwarzes, weites Tüllgewand mit einem bunten Unterkleid. Die feinen Gesichtszüge waren umgeben von einem roten, perlenbesetzten Kopftuch, über der Stirn verknotet. Darüber lag lose der schwarze Schleier.

»Bitte helfen Sie uns«, sagte der Vater leise und schaute sich misstrauisch um. »Ihr Leben ist in Gefahr. Wenn unsere Sippe erfährt, dass das Mädchen entjungfert ist, bin ich verpflichtet, die Ehre der Familie wiederherzustellen und meine Tochter zu töten. Aber sie ist mein Fleisch und Blut, bei Gott, ich kann es nicht ... ich kann es nicht! – Wenn mir der Schuft in die Hände gerät, der es getan hat, wehe ihm – ich werde ihn in Stücke zerreißen! Ich schwöre es, beim Bart des Propheten!«

Samiha hatte verschämt hinter ihm gestanden und ängstlich mal auf den Vater, mal auf die fremde Doktora mit dem seltsamen Akzent geschaut. Wie durch einen Nebel nahm sie die Gesprächsfetzen auf: »Nein, Abtreibungen werden hier nicht gemacht! – Austragen? Das Kind – nun, wir haben Zeit, uns darüber Gedanken zu machen – eine Schwangerschaft ist keine Krankheit ... Ein Krankenhausbett für vier Monate wird teuer – kein Geld? Wir werden sehen ...«

»Ihr seid gottesfürchtige Menschen. Gott wird euch einen Weg zeigen. Jalla, Samiha«, sagte der Vater dann barsch. Sie nahm ihr Kleiderbündel auf und folgte der Schwester ins Krankenhaus. Der Mann ging eilig davon.

Das Mädchen begann zu warten. Die heißen Sommerwochen schlichen im Schneckentempo dahin, während das Baby dem Leben entgegenwuchs. Neugierig schauten die Patientinnen auf das Mädchen aus Kairo. Warum saß es Tag für Tag ohne Besuch da? Warum war es so verschlossen und antwortete kaum auf ihre Fragen? Warum muss man wegen »Blutarmut« und »Bauchwassersucht« in Assuan behandelt werden, wenn man doch in Kairo wohnt? Warum kümmern sich die Eltern nicht um ihre Tochter?

»Warten ist eine große Tat« (Chr. Blumhardt). Samiha hüllte sich in den Schleier des Schweigens. Ein einziges unvorsichtiges Wort hätte sie das Leben kosten können.

Auf welch ein Abenteuer hatten wir uns da bloß eingelassen? Es war, als wenn jemand ein Seil über einen Abgrund gespannt und gesagt hätte: »Los, setzt einen Fuß vor den andern! Schaut aufs Ziel, nicht nach unten! Es gibt für euch jetzt keinen andern Weg als diesen.«

Ein professioneller Seiltänzer hat jedoch einen Balancestab, und er weiß um das gespannte Netz in der Tiefe. Aber wir?

Wir kannten kein Gesetz, auf das wir uns hätten berufen können. Wir wussten, dass wir illegal handelten, wenn wir das Kind nicht anmeldeten. Huren wurden geächtet und nicht geschützt, uneheliche Kinder wurden gegen ein unerschwingliches Honorar heimlich abgetrieben und mit dem Müll entsorgt. Wir wussten, dass unser Betrieb Tag und Nacht bespitzelt wurde und dass ein kleiner Formfehler für eine Schließung des Hauses ausreichen würde. Wer von unseren einheimischen Mitarbeitern diente als Informant für die Geheimpolizei? Wir wussten es nicht! Wer also durfte den wahren Grund für Samihas Aufnahme erfahren? Wir wussten es nicht!

Eins jedoch wussten wir sicher: Gott war einverstanden mit dieser schwierigen Entscheidung – und so nutzten wir unser einziges Potenzial: das Gebet. Ach, was hat Gott sich im Laufe der Jahre alles anhören müssen! Geschichten über Geschichten des Elends, der Ungerechtigkeit, Seufzer unserer Begrenztheit und Ohnmacht. Jetzt lagen wir ihm in den Ohren und erinnerten ihn an Samiha und ihr Kind, die uns immer mehr ans Herz wuchsen.

Und wahrhaftig: das Gebet wurde für uns wie eine Balancestange! Wo aber blieb das unentbehrliche Auffangnetz? Wer würde es uns spannen? Wir hatten keine Ahnung, und die Angst vor einem Absturz war unser täglicher Begleiter.

Die junge, schüchterne Frau, die zunächst apathisch in den Tag hineingelebt hatte, taute uns gegenüber im Lauf der Wochen immer mehr auf, bis sie sich eines Abends öffnete.

»Niemand weiß, dass mein Vetter es war. Wenn mein Vater es erfahren würde, würde es einen blutigen Sippenkrieg geben, der nie zu einem Ende käme. Aber ich will meine Sippe nicht ruinieren – was hätte ich davon? Ich säge doch nicht den Ast ab, auf dem ich sitze!

Ich mochte meinen Vetter Sähir und ahnte nichts Böses, als er mir auf dem Dach seines Elternhauses sein selbst gebautes Taubenhaus zeigen wollte. Meine Eltern, Tante Mira und Onkel Fethi waren bei einer Tasse Tee mit Erbangelegenheiten beschäftigt. Innerhalb dieser halben Stunde hat mein Leben sich vollkommen verändert. Ich wollte doch die Schule abschließen und Medizin studieren! Jetzt bin ich eine Hure, meine Ehre ist verloren, mein Leben in Gefahr.«

Samiha nahm den Schleier und schlang ihn fest um ihre Schultern, als könne er sie schützen. Dann holte sie tief Luft und fuhr fort: »Ich lebte vier Monate in großer Angst. Als mir die Schuluniform immer enger wurde, konnte ich nicht mehr schweigen und vertraute mich meiner Mutter an. Sie schrie laut auf, warf sich auf den Boden und bewarf sich dann mit Staub. Mein Vater schlug mich, um den Verführer zu erfahren. ›Rede!‹, schrie er mich an, ›oder ich schlage dich tot!‹ Ich schwieg eisern. Ich hatte doch keine Beweise! Die Verwandten hätten mich als Lügnerin hingestellt und mich überall verleumdet. Das hätte die Sache nur noch viel, viel schlimmer gemacht! Mein Vater schlug mich, bis ich nichts mehr spürte. Danach saß er nur noch schweigend und brütend mit seiner Wasserpfeife in einer Ecke.

Eines Tages sagte er barsch: ›Komm mit, ich bringe dich nach Assuan zu den Fremden, du dreckige Hure! Dort kennt dich niemand. Vielleicht haben sie in der ›Germanija‹ eine Idee …‹ Zu Tante Mira und Onkel Fethi sagte er: ›Das Mädchen soll in Assuan bei der Frau meines Vetters das Nähen lernen. Das kann nichts schaden. Eine Frau sollte doch nähen können, nicht wahr?‹ Onkel Fethi hatte irritiert genickt und gemeint, besser noch als Nähen sei doch eine ordentliche Schulbildung, und ich sei doch tatsächlich nicht dumm – und überhaupt, im Sommer nach Assuan zu gehen sei doch wirklich keine gute Idee.«

Nun schwieg die junge Frau, und ihre Blicke wanderten in die Ferne bis hin zum Westufer des Nils, wo hinter den Wüstenbergen die untergehende Sonne den Himmel blutrot färbte.

Gott sei Dank, sie ist ihr qualvolles Geheimnis los, dachte ich.

Der Monat Ramadan ging vorüber und das Opferfest kam. Die Straßen waren überfüllt mit Buden, geschmückten Karren und bunt gekleideten, fröhlichen Menschen. Laute Festmusik aus dem Minarett übertönte den Lärm.

Zum Opferfest gehörten für uns die Hausbesuche bei unseren muslimischen Freunden. Unser treuer Freund Ahmed, der keine Woche verstreichen ließ, ohne uns einen Rosenstrauß aus seinem Garten zu bringen, freute sich über unseren Besuch. Aufmerksam hörte er sich unsere Sorgen an.

»Ich weiß ja, dass ihr nicht lügen könnt«, lächelte er. Dann kratzte er sich das unrasierte Kinn und begann, laut zu denken. Als wir gingen, war abgemacht, dass wir ihm das Neugeborene übergeben durften – aber bitte, niemand dürfe die Aktion beobachten. Und schreien dürfe das Kind bei der Übergabe auch nicht! Ahmed würde es in seinem Garten »finden« und es dann ins Findelhaus bringen.

Mir schnürte es den Hals zu. »Was würde passieren, wenn es vor unserer Tür gefunden würde und wir uns um die Adoption bewerben würden?«

»Ihr würdet nicht gehört werden. Es gibt in diesem Land für Ausländer keine Möglichkeit, ein Kind zu adoptieren. Findelkinder werden grundsätzlich in einem staatlichen Findelheim großgezogen.«

Ich schluckte. Neulich hatte ich ein Waisenhaus besucht. Dreihundert Kinder lebten dort auf engstem Raum zusammen. Sie hatten sich um mich geschart wie um ein Wesen von einem anderen Stern. Sie hatten versucht, irgendwie einen Körperkontakt herzustellen. Ich konnte diese Szenen nicht vergessen. Wie gerne würde ich diesem kleinen, noch ungeborenen Wesen ein Zuhause schenken!

Als unser Sorgenkind seinen ersten Schrei tat, war es tiefe Nacht. Der Mond und die Sterne waren außer der Hebamme die einzigen Zeugen einer illegalen Geburt. Samiha wollte ganz kurz ihr kleines Mädchen sehen und wandte sich dann zur Wand hin ab. Die Hebamme versorgte das Kind, wickelte es in Tücher ein und legte es in eine Reisetasche. Den Reißverschluss ließ sie ein paar Zentimeter offen. Sie führte ein kurzes Telefonat. Wie eine Diebin schlich sie aus dem Haus, sah sich vorsichtig spähend nach allen Seiten um, vergewisserte sich, dass der Torhüter in seinem Häuschen schlief, wischte sich eine Träne von der Wange und reichte die Tasche wortlos über den Zaun. Aus dem nächtlichen Dunkel tauchten zwei Hände auf, und eine dunkle Gestalt verschwand mit der Tasche.

Am nächsten Morgen wartete unser Freund bereits zum Frühstück auf uns.

»Alles in Ordnung, Ahmed?«

»Jeani.« Ahmed sah mitgenommen aus und seine Stimme war heiser. Wir schlossen die Tür zum Korridor.

Ahmed rührte in seiner Kaffeetasse: »Ich brachte das Kind zum Findelheim. Dort schickte man mich zur Kriminalpolizei. Der Beamte untersuchte die Tasche und fand, hört und staunt, in einem winzigen Seitenfach eine Visitenkarte von Doktora!«

»Nein, Ahmed, sag, dass das nicht stimmt!« Doktora Schmitt, die Chefärztin, war kreidebleich geworden.

»Er wollte wissen, was das bedeutete. Ich versuchte mich herauszureden, merkte aber, dass er mich bereits durchschaut hatte. Er winkte ab, öffnete seine Schreibtisch-Schublade einen Spalt und entschuldigte sich für einen Moment.« Ahmed lächelte verschmitzt. »Mit einem Geldschein kann man bei uns auch das größte Problem lösen, Doktora! Der Mann kam zurück, schielte in die Schublade und wurde ganz zugänglich. Wir begannen zu plaudern und stellten dabei fest, dass mein zukünftiger Schwager der Vetter seiner Frau ist. Schließlich ließ er mir einen guten Kaffee brauen. Und dann sagte er, er müsse, rein formal, die Doktora noch verhören.«

Der Ärztin stockte das Blut in den Adern. »Das durfte nicht passieren. Das darf nicht wahr sein!«

Ahmed grinste: »Doktora, du wirst nicht lügen müssen, ich habe gut vorgesorgt. Geh, bring es hinter dich!«

Vor dem einfallslosen Plattenbau mit der Aufschrift »Kriminalpolizei« lagen zwei Hunde dösend in der Morgensonne – die Fliegen spielten an ihren Augenlidern. Der Torhüter fegte gerade den Nachtstaub von den Treppenstufen, deren Kanten vorne abgebrochen waren. Eine tote Ratte lag neben der offenen Mülltonne. Die Ärztin schaute sich im Treppenhaus suchend um. Im ersten Stock stieß sie auf einen Behördendiener in grauer Galabija, der apathisch auf einer Stufe kauerte. Irritiert sprang er auf, als die fremde Frau auftauchte.

»Min fadlik?«

»Wo finde ich bitte den Kriminalkommissar?«

Der graue Mann machte eine unterwürfige Geste, indem er auf eine der vielen Türen zeigte. Dienstfertig eilte er voraus und klopfte an. Eine schnarrende Stimme antwortete.

Der Beamte mit drei unübersehbaren Sternen auf der

Epaulette und einer ansonsten reich verzierten Uniformjacke schien schon auf die Europäerin gewartet zu haben. Umständlich bot er ihr einen Stahlrohrstuhl an und befahl dem Mann in der Galabija, ein kühles Getränk zu holen. Dann öffnete er mit wichtiger Geste eine neu angelegte Akte. Er verfasste mit seiner klapprigen Schreibmaschine ein Schreiben und legte es der Ärztin zur Unterschrift vor. Sie las: »Ich ... erkläre hiermit, dass ich vor geraumer Zeit Visitenkarten unbestimmter Anzahl verteilt habe.« Sie nahm den Kugelschreiber und unterschrieb. Fertig!

War das schon alles? – Nicht ganz: »Doktora«, sagte der Offizier, »ich weiß, Sie sind eine gute Frau und genießen einen ausgezeichneten Ruf in Assuan. Sie haben vielen Menschen geholfen. Wir haben ein Problem. Meine Frau muss dringend operiert werden, aber diese Operation wäre unerschwinglich teuer. Können Sie uns helfen?«

Sieht so Gottes Auffangnetz aus?, schoss es der Ärztin durch den Kopf, und es fiel ihr schwer, bei der Sache zu bleiben.

Eine Woche später lag die Frau des Kommissars im OP, und draußen saß Samiha blass und still auf dem Nilbalkon in der Sonne. Sie hatte ihren Eltern mitgeteilt, dass sie nun alles hinter sich gebracht habe. Nun schaute sie in die Ferne, ihre Hände spielten mit einem Stück Papier. Ein paar Tage noch, und ihr Vater würde sie abholen. Sie hatte seine Antwort auf ihren Brief erhalten.

»Im Namen Allahs, des Gnädigen, des Allerbarmers. Meine Tochter. Ich werde am Montag kommen, um dich nach Minja zu begleiten. Wir haben den geerbten Acker verkauft und können nun einen Arzt bezahlen, der deine Jungfräulichkeit wiederherstellen kann. Seine Klinik ist in

Minja. Niemand erfährt etwas von unserer Sache. Ich bleibe drei Tage mit dir dort, und dann kehren wir nach Kairo zurück.

Noch etwas teile ich dir mit, und das wird dich sehr freuen, denn dein Weg zu einer ehrenwerten Heirat wird wieder frei, el hamdu lilläh. Wir sind mit Onkel Fethi und Tante Mira übereingekommen, dass dein Vetter Sähir dich heiraten wird, sobald seine Ausbildung abgeschlossen ist. Er ist unbescholten und der Tüchtigste unter den Söhnen unserer Verwandten, es ist für dich die beste Partie.

In Liebe, dein Vater«

8. Ich bin gerne Diener

Ich heiße Mohammed Musa und wohne im Dorf Sehele bei Assuan. Vielleicht bin ich schon fünfundsiebzig Jahre alt – das meinte jedenfalls der Arzt, als er mir neulich in den Mund schaute. Es kann sein, dass er Recht hat, denn ich merke, dass meine Augen schwach werden. Ich war zum ersten Mal in meinem Leben beim Arzt, aber nicht, weil ich krank war, sondern weil der deutsche Herr sicher sein wollte, dass ich leistungsfähig bin. Er gab mir Geld für die Untersuchung und sagte: »Bring mir ein Papier über deine Gesundheit, dann kannst du bei mir im Haus arbeiten: kochen, putzen und Wäsche waschen.«

Der Arzt war sehr freundlich zu mir. »Wann bist du geboren?«, fragte er mich.

Ich sagte: »Als der Stausee noch nicht da war, zur Zeit der Aprikosenblüte.«

»Und warum brauchst du das Gesundheitszeugnis?«

»Weil ich so gerne noch einmal dienen möchte.«

»Dann ist es gescheiter, wenn wir dich ein bisschen verjüngen«, und er machte mich auf dem Papier einfach zehn Jahre jünger – wirklich, ein freundlicher Doktor.

Ich war so glücklich, denn ich hatte seit zehn Jahren keinen eigenen Verdienst mehr. Meine Söhne hatten mich versorgen müssen, nachdem die europäischen Familien Assuan verlassen hatten. Aber im Haus hatte ich mich nur unnütz gefühlt. Ich hatte es nicht mehr hören können, dieses: »Ruh-dich-aus-du-bist-jetzt-alt-genug.«

Tagaus, tagein hatte ich mit den anderen alten Männern zusammengesessen. Wir tranken Tee, rauchten die Wasserpfeife und erzählten unsere Geschichten von früher, vom Leben in unseren alten Dörfern, die der Stausee nun längst unter seinen Wassern begraben hat, und von den europäischen Familien, bei denen wir gearbeitet haben. Wir erinnerten uns an ihre wundervollen Weihnachtsfeste. Aus ihren Heimatländern hatten sie uns schöne Geschenke mitgebracht.

Oft schwärmten wir von besonderen Gerichten wie »canard à l'orange«, »pommes sautees«, »marrons glacés« und »charlotte russe«, und dabei lief uns das Wasser im Mund zusammen.

Wir erinnerten uns, dass die Ausländer ihre Mädchen genauso wie die Jungen erzogen, und dass die Männer ihre Frauen gut behandelten und nie schlugen. Und dass ihre Kinder höflich zu uns sein mussten.

Und dann lachten wir, weil wir die Weintrauben in den europäischen Häusern nie unabgekocht servieren durften, denn die Europäer hatten ständig Angst vor der Amöbenruhr …

Aber irgendwann waren unsere Geschichten zu Ende, und ich langweilte mich, obwohl ich einen Fernseher hatte. Ich hätte so gerne noch einmal gearbeitet.

Mein Neffe Auwad verstand mich. Eines Tages sagte er: »Im Nachbarhaus meines Herrn ist ein Deutscher eingezogen, ohne Frau und Kinder. Er ist Ingenieur bei der Stickstofffabrik ›Kima‹ und sucht eine Haushaltshilfe, Onkel Mohammed, das wäre ein guter Platz für dich.«

Nun arbeite ich täglich bei dem Duktur. Ich trage wieder blütenweiße Galabijen wie früher. Der Mann hat mir auch den Augenarzt und eine Brille bezahlt, und seitdem kann ich ohne Probleme den Reis und die Linsen verlesen.

Ich freue mich die ganze Woche auf den Samstag, dann

hat mein Herr Besuch, und ich darf ein richtiges Menü kochen. Früher kam sein deutscher Nachbar hin und wieder, um mit ihm zu speisen. Er arbeitet am Hochdamm und wohnt zwei Etagen über uns. Er fährt einen Mercedes wie mein Herr. Die beiden verstanden sich ganz gut, aber als der Hochsommer kam, da begannen sie miteinander zu streiten. Mein Herr hatte seinen Wagen auf den Schattenplatz vor unserem Haus abgestellt. Der Nachbar aber wollte nicht in der Sonne stehen und behauptete, dieser Platz sei seiner, denn er habe zuerst hier gewohnt. Mein Herr blieb stur, und da wurde der andere so wütend, dass er mit seinem Auto mit voller Wucht in den parkenden Mercedes fuhr. Beide Autos waren kaputt. Scheinbar haben die Europäer sehr viel Geld, dass sie solche bösen Spiele machen können. Am nächsten Tag musste mein Herr länger arbeiten, und als er nach Hause kam, stand der andere auf dem Schattenplatz. Was tat mein Herr? Das Gleiche wie sein Nachbar gestern. Nun waren beide Autos hinten und vorne kaputt, und die Freundschaft war auch kaputt.

Mein Herr saß an jenem Abend mit einem roten Kopf auf dem Balkon und trank Whisky. Ich fragte ihn, ob die Leute in Deutschland sich auch gegenseitig die Autos kaputt machen. »Nein«, sagte er, »so etwas Dummes macht man nur, wenn man die Hitze nicht mehr aushält.«

Seit diesem Vorfall kommen samstags andere Gäste zum Essen. Die Leute vom deutschen Krankenhaus freuen sich immer auf unsere kühle Wohnung. Sie interessieren sich auch für uns Nubier und sprechen gerne von Doktora Herzfeld. Sie lebte lange mit uns im Dorf, und wir konnten Tag und Nacht Hilfe bei ihr holen. Einmal hat sie meinem Bruder fünf Fliegen aus dem Ohr geholt, da war er vier Jahre alt.

Als mein Herr neulich Geburtstag hatte, waren zehn Gäste geladen, und ich durfte einen Truthahn bereiten. Ich weiß genau, wie man ihn tranchiert und wieder zusammensetzt. Er sah wunderbar aus und duftete herrlich. Ich war sehr stolz, als ich mit der Platte das Esszimmer betrat. Alle sagten: »Oh« und »Bravo, Mohammed«, und klatschten in die Hände. Da stolperte ich über den Teppich, das Tablett fiel zu Boden, und der Truthahn verteilte sich über das ganze Zimmer. Ich war sehr blamiert, sammelte voller Schrecken die Fleischstücke ein und verschwand in der Küche. Was sollte ich jetzt machen? Aufgeregt lief ich hinüber zu meinem Neffen Auwad. Er nahm den verunglückten Truthahn und verschwand wortlos ein paar Häuser weiter. Nach fünf Minuten kam er mit einem wunderbaren Rostbraten zurück.

»Sie feiern drüben auch eine Party, und ihre Gäste sind gerade bei der Vorsuppe«, sagte er lachend. El hamdu lillah. Ich brachte meinen Gästen den Braten. Sie hörten nicht auf zu staunen. Mein Herr schaute mich ganz verwirrt an, aber ich merkte, dass er sehr erleichtert war.

Am nächsten Tag rief er mich zu sich. O weh, dachte ich, jetzt werde ich entlassen! Aber er war ganz fröhlich und wollte mir etwas erzählen. »Weißt du, wen ich heute Morgen getroffen habe? Den deutschen Kollegen, der am Ende der Straße wohnt. Er hat mir erzählt, dass sie gestern Abend auch eine Party gefeiert haben. Und rate mal, was es dort zu essen gab! Einen tollen Truthahn! Es sei der beste Truthahn gewesen, den er je gegessen hätte.« Nun grinste er und sagte: »Mohammed, du und Auwad und überhaupt ihr Nubier, ihr seid echte Schlitzohren!«

Ich war erleichtert, dass er nicht böse auf mich war. Wäre mir das nämlich in einem ägyptischen Haus passiert, dann wäre ich sofort mit Schimpf und Schande entlassen worden, denn der Hausherr hätte sich blamiert gefühlt. Es ist gut, in einem europäischen Haus zu arbeiten. Gebe Gott, dass mein Herr lange hier bleibt!

Er war so begeistert von der Truthahn-Geschichte, dass er mich belohnen wollte. Er fragte mich, was ich davon halte, meine Zähne beim Zahnarzt untersuchen zu lassen. Die reichen Leute lassen sich nämlich neue Zähne machen, wenn die Zahnlücken zu groß werden. Ich laufe schon seit zwanzig Jahren mit großen Lücken herum, und richtig zubeißen kann ich nicht mehr. »Geh zum Zahnarzt und lass dir die Lücken ausfüllen«, sagte er zu mir. Ich wollte mich eigentlich gegen das Geschenk wehren, weil ich schon so alt bin, aber mein Herr sagte, er will, dass ich auch noch einmal Fleisch essen kann. Jetzt kann ich wieder alles essen, und ich habe ein paar Kilo zugenommen. Meine Söhne staunten über so viel Großzügigkeit und sagten: »Papa, du siehst jetzt aus wie ein Minister!«

Eigentlich sollten meine Söhne auch das Kochen lernen, aber sie wollten nicht wie ihr Vater Diener werden. Sie sagten, Diener zu sein sei ein Überbleibsel aus der Kolonialzeit. Die Nubier seien nun unabhängig und hätten das Dienen nicht mehr nötig. Meine Söhne wollten eine gute Schulbildung haben und später studieren. Nabil wurde Ingenieur und Ahmed Kaufmann. Alle jungen Nubier lernen jetzt einen guten Beruf, damit es ihnen im Leben gut geht, inschah allah.

Ich aber bin gerne Diener gewesen – es war ein sehr gutes Leben. So Gott will, darf ich bis zu meinem Lebensende arbeiten.

9. Spiel mit mir das Spiel

Eines Morgens stand die alte Nubierin vor unserer Tür. Sie trug ein verwaschenes schwarzes Baumwollkleid. Es zeigte die Spuren schwerer Arbeit. Ihr Gesicht war schwarz und zerfurcht, ihre wulstigen Lippen nach nubischer Tradition dunkelblau gefärbt. In ihren Augen lauerte Verschlagenheit. Sie trug einen Jutesack auf dem Rücken, in dem es kräftig zappelte.

»Wer bist du?«, fragte ich.

»Ich bin Aischa aus Sehele vom Stausee.« Ihre raue Stimme verriet Durchsetzungsvermögen.

Sie nahm den Sack ab und leerte ihn aus – ein Riesenwels flutschte mir vor die Füße. Das Tier riss sein Maul auf, als wollte es mir beweisen, dass es ganz frisch war. Seine Barthaare zitterten fein, und sein Schwanz schlug kräftig hin und her. Nie zuvor hatte ich ein solches Prachtexemplar auf dem Markt gesehen. Und heute, ausgerechnet an diesem Tag, lag es mir zu Füßen.

Dies geschah an einem heißen Tag im Juli. Ich machte Dienstvertretung für die Köchin in der Krankenhausküche. Soeben hatte ich mit Guma, dem nubischen Koch, Krisenrat gehalten, weil unsere Fleischvorräte für die Patienten aufgebraucht waren. Das Krankenhaus war seit Tagen überfüllt, und Fleisch gab es auf dem Markt nur am Wochenende zu kaufen.

Diesen schwarzen Engel vom Stausee schickt uns der Himmel, frohlockte ich stumm. Zugeben wollte ich es nicht, wohl wissend, dass so viel Ehrlichkeit den Fischpreis in schwindelnde Höhen treiben würde. Schön ruhig bleiben, zügelte ich mich selbst.

»Bi käm?«, fragte ich Aischa, indem ich mich bemühte, desinteressiert zu wirken. Schon das war ein großer Fehler. Man fragt nicht nach dem Preis, wenn man nicht vorhat, zu kaufen. Ich hätte sagen müssen: »Wir brauchen heute keinen Fisch, basta.« Nun, diese erste Chance war verspielt.

Die alte Fischfrau vom Stausee hatte mich bereits durchschaut, es war ihr durchaus bewusst, dass sie mich an der Angel hatte. »Das Kilo vier Pfund«, sagte sie selbstbewusst.

Guma legte seine Stirne in Falten und sagte seinen einzigen deutschen Satz: »Arr-du-liebe-dseid!«

Ein Wucherpreis, der Normalpreis lag bei einem Pfund fünfzig. Ich schluckte. Der gnadenlose Wettlauf mit der Zeit und der Gedanke an unsere Patienten machten es mir schwer, den Preis zu beanstanden. Dies würde ein harter Handel werden.

Ich schielte hinüber zu Guma, dem erfahrenen Koch, der mit großer Gelassenheit im Milchtopf rührte und im Übrigen vollkommen uninteressiert tat. Nein, so ganz unbeteiligt war er nun doch nicht. Seine linke Hand rührte, und mit der rechten vollzog er die typische Guma-Geste. Dabei führte er die Hand sachte bis fast zum Mund, so geschlossen, als habe er eine Prise Salz zwischen den Fingerspitzen. Er spitzte den Mund, als wolle er probieren.

Ich kannte diese Geste von Situationen, in denen es in der Küche brenzlig wurde. Guma verstand es dann, seine Gelassenheit auf uns zu übertragen mit den Worten: »Schweie, schweie! Esst es nicht so heiß, Leute.« Ich hatte verstanden.

»Der Fisch ist viel zu teuer, Aischa, den kaufen wir dir nicht ab. Was meinst du dazu, Guma?«

Der kohlrabenschwarze Koch mit seiner breiten Nase kratzte sich sein ergrautes Kräuselhaar und rührte schweigend weiter. War ich in ein zweites Fettnäpfchen getreten? Guma und Aischa gehören demselben Volksstamm an. Ein Nubier ergreift doch nicht offen Partei für eine Europäerin gegen seinesgleichen! Guma gab mir unmissverständlich zu verstehen, ich sei schließlich hier die Chefin, und überließ mir das Schlachtfeld. Also zog ich wohl oder übel in den Krieg. Ich kannte diese Art des Streitens aus dem täglichen Überlebenstraining. Heute jedoch hätte ich nur zu gerne auf dieses unnötige Ritual verzichtet.

Ich bot all meine Kenntnisse orientalischer Feilschkunst auf, aber die Fischfrau ging nach langem Palaver nur um elende dreißig Piaster mit dem Preis herunter. Schließlich packte sie unverrichteter Dinge wutschnaubend ihren Fisch wieder in den Sack und verließ uns. Da standen wir nun.

Besorgt schaute ich auf die Uhr. Um zehn Uhr sollte die Krankenhausküche mit den Vorbereitungen für das Mittagessen beginnen. Einen solchen Engpass hatte ich bis jetzt nicht erlebt. Ich schickte ein Stoßgebet gen Himmel.

»Sie wird wiederkommen«, erklärte Guma seelenruhig. »Sie wird sich eine Weile draußen in den Schatten setzen und Tee trinken.«

Er sollte Recht behalten. Bereits nach einer Viertelstunde ging unser Fischkauf-Ritual in die zweite Runde. Diesmal zuckte der Fisch nur noch verhalten. Es schien, sein Lebenswille war gebrochen.

»Sag, was du bezahlen willst, Madame«, forderte Aischa mich heraus.

»Ich bezahle dir den Normalpreis, oder du kannst dir deinen Fisch an den Hut stecken«, sagte ich forsch und spürte, wie mein Blutdruck stieg. »Auf dem Markt kostet er einsfünfzig. Geh, verkauf ihn dort!«

»Du kannst ihn für zwei Pfund haben, Madame, ein guter Preis, wirklich ein guter Preis, und lecker ist der Wels, köstlich ... Er kommt aus sauberem Wasser ...« Listig beobachtete die Frau mich aus den Augenwinkeln, während sie dem Fisch einen liebevollen Klaps auf die Flanke gab. Sie spielte ihr Spielchen souverän und schien es zu genießen.

Hier schaltete sich meine europäische Herzhälfte ein und klagte mich an: Sei nicht so unerbittlich! Gib ihr doch das Geld und basta! Schone deine Nerven, mache der armen Frau eine Freude und dem bösen Spiel ein schnelles Ende! Kaum gedacht, mischte sich meine orientalische Herzhälfte ein: Von wegen böses Spiel! Halte aus, sei keine Spielverderberin! Eure Begegnung lebt von einem spannenden Spiel. Feilsche, was das Zeug hält, aber pass auf, dass du den Bogen nicht überspannst! Vergiss nicht – hinterher darf es nur Siegerinnen geben!

»Aischa, ich habe dir mein letztes Wort gegeben.« Während ich energisch meine Position verteidigte, sah ich, wie Guma in der Küche kopfnickend am Herd stand. Er wusste, dass Aischa ihn nicht sehen konnte. Wieder packte sie ihren Riesenwels in den Sack und machte sich knurrend davon. Endgültig?

»Was machen wir, Guma, wenn sie wegbleibt?«

»Sie wird wiederkommen, bestimmt.« Guma kennt seine Pappenheimer.

Als Aischa zur dritten Runde erschien, ruhte der inzwischen tote Fisch gut ausbalanciert auf ihrem Kopf. Ich begriff – dies war nun ihr letzter Auftritt. Sie verstand es, sich mitsamt der Ware in Szene zu setzen. »Ich lasse ihn dir für einsachtzig, Madame, weil ihr gute Leute seid und den Armen helft, wenn sie krank sind.« Nun hatte Aischa mir den kleinen Finger gereicht.

»Warst du schon einmal bei uns im Krankenhaus?«

»Nein, ich bin nie krank gewesen, aber meine Schwägerin wäre beinahe gestorben bei ihrem ersten Kind, da hat die Doktora sie operiert und sie und das Kind gerettet. Der Junge ist jetzt groß. Er will Ingenieur werden.«

»Was hat deine Schwägerin damals für die OP bezahlt?«

»Mein Bruder ist ein armer Fischer, er hat kein Geld. Wir brauchten nichts zu bezahlen, Gott möge euch segnen.«

Ich spürte, jetzt war meine große Chance gekommen. »Sieh, Aischa, nun wirst du verstehen, warum ich einen vernünftigen Fischpreis haben will. Wenn wir die Lebensmittel für die Kranken teuer bezahlen müssten, könnten wir die armen Leute nicht umsonst behandeln.«

»Bei Gott, du hast Recht, Madame, sag, was dir der Fisch wert ist!«

»Ich will den Normalpreis, den jeder bezahlt, der hier lebt, Aischa, nicht mehr und nicht weniger.«

Die alte Frau ließ das glitschige Tier vom Kopf gleiten und legte es auf den Tisch. »Du bekommst es zum Freundschaftspreis von einssechzig, das ist mein letztes Wort.«

Ich sah, wie Guma fast unmerklich vor sich hin nickte. Wir spürten beide, hier hatte der Handel die Schmerzgrenze erreicht. Zehn Piaster zu viel war keine Schande. Ich war bereit, ein klein wenig in die Knie zu gehen, ganz zur Zufriedenheit meiner Kontrahentin. Das Spiel war aus, und ich spürte, wie ich mich entspannte.

»Gott sei Dank«, seufzte ich.

»Al hamdu – lilläh«, kommentierte Aischa, zählte die schmutzigen Geldscheine nach und ließ sie in ihrem Ausschnitt verschwinden. Sie fühlte sich reichlich belohnt. Nun zog sie ihren Schleier aus der Tasche und machte sich eilig davon.

Ich atmete tief durch. Eigentlich liebe ich dieses verspielte Leben, nur heute hatte es mich beinahe die Nerven gekostet. Aber unsere Patienten würden es zu schätzen wissen, denn sie würden heute fürstlich speisen!

Während ich mich auf der schattigen Terrasse mit den kleinen Steinchen im Reis auseinander setzte, klang aus der Küche das rhythmische Schlagen des Schlachtbeils wie Musik in meinen Ohren.

Guma sang zur Arbeit eine seiner sentimentalen nubischen Melodien, wie er es gerne tat, wenn für ihn die Welt in Ordnung war. In einem großen Mörser zerstieß er Koriander, Kümmel, Knoblauch und Pfefferkörner, würzte die gesalzenen Fischstücke kräftig, tauchte sie in einen leichten Pfannkuchenteig und legte sie vorsichtig in heißes Öl.

Meine Gedanken begleiteten die Fischfrau auf ihrem Weg nach Hause. Siebzehn Kilo Fisch hatten ihr einen ansehnlichen Nebenverdienst eingebracht. Siebzehn mal ein Pfund fünfzig wird sie an die Männer ihres Clans abliefern, aber den Rest? Meine Fantasie ging ihr nach bis zu ihrer Nilschlammhütte. Hier, wo jeder alles von jedem zu wissen glaubt, wo die Männer mächtig regieren und die Frauen listig reagieren, hier irgendwo wird sie ein kluges, winziges Versteck für ihr Eigenes haben. Wer weiß, wann sie es nötig braucht, wer weiß?

10. Ein Weihnachtsgeschenk vom Himmel

Weihnachten in Ägypten feiern? Das konnten wir uns nicht vorstellen. Jemand hatte uns erzählt, einmal sei es so heiß gewesen, dass die Kerzen am Weihnachtsbaum sich verbogen hätten. Für uns Kinder aus dem Abendland gehören zum Weihnachtsfest Schnee und rote Nasen, Kaminfeuer, lange Abende bei Kerzenschein. Aber alles das kann man in Assuan getrost vergessen.

Immerhin, normalerweise gab es einen Weihnachtsbaum, jawohl! Es war zwar keine Fichte oder Tanne, sondern eine immergrüne Tamariske, mit der es etwas Besonderes auf sich hatte – aber davon erzähle ich später.

Alle Jahre wieder, wenn die Adventszeit da war, spürte ich, wie sich das kleine Mädchen in mir meldete. Es war auf der Suche nach den vertrauten Adventsgefühlen. Es wartete auf die nebligen, trüben und ungemütlichen frühen Wintertage, die alle Sinne ausrichten auf den Zauber der Weihnacht.

Meine Ohren wünschten sich ein Adventskonzert, aber der feine Wüstenstaub hatte sich in die Rillen unserer Schallplatten gesetzt, dazu verwandelten die Stromschwankungen aus dem Netz den erhofften Genuss in eine Qual. Meine Augen hielten vergeblich Ausschau nach dem Lichterschmuck auf den Straßen und in den Schaufenstern. Sie brauchten stattdessen eine gute Sonnenbrille gegen das gleißende Sonnenlicht. Die Nase schnüffelte in der Vorratskammer herum, um festzustellen, dass die weihnachtlichen Zutaten für duftendes Gebäck fehlten.

Draußen war heller, knallvergnügter Sommer. Touristen

aus aller Welt bevölkerten die Nilufer-Promenade, Dampfer legten an, der Himmel war tiefblau, und der Nil auch. Am Westufer versammelten sich die Kameltreiber mit ihren Tieren, um die Touristen durch die Wüste zu schaukeln. Ferienstimmung machte sich breit, nach einem langen, heißen Sommer, der uns ans Haus gebunden hatte.

Doch halt! Weihnachtsboten gab es im Morgenland auch! Im November entfalteten die mannshohen Weihnachtsstern-Sträucher an den Wegen und in den Gärten nach und nach ihre volle Pracht. Sie schmückten sich mit Hunderten von Blüten. Ganz pünktlich zum ersten Advent färbten sich die ersten Zweigspitzen rot. Ich holte mir eine einzelne Blüte, versiegelte die blutende Schnittstelle über einer Gasflamme und stellte die purpurrote Blume in eine schlanke Messingvase. Am zweiten Advent kam eine zweite hinzu.

Meine Nachbarin Nasra, eine junge Koptin mit vornehmem Nofretete-Profil, kam vorbei, um die Transparent-Sterne an unserem Wohnzimmer-Fenster aus der Nähe zu betrachten.

»Wie macht man das?«

»Du kannst es mit mir üben.« – Sie kam und brachte fünf Freundinnen mit.

Am Tag zuvor hatte ich versucht, Weihnachtsplätzchen zu backen, Zufallsprodukte aus den Zutaten, die ich gerade auf dem Markt finden konnte. Stolz präsentierte ich meine Kreationen. Der Teller machte die Runde, aber niemand bediente sich. »Danke, wir fasten gerade.« Warum hatte ich bloß nicht daran gedacht?

Die ägyptischen Christen feiern den Advent ganz anders als wir. Sie fasten vierzig Tage lang, um dann das Weihnachtsfest am sechsten Januar desto mehr zu genießen. Die sechsstündige Weihnachtsmesse feiern sie stehend. Metallen klingen die koptischen Gesänge aus Hunderten von Kehlen, rhythmisch begleitet von Zimbeln und Triangeln. Man meint, im Vorhof des Himmels zu sein. Um Mitternacht kommen die Leute heim an den festlich gedeckten Tisch. Alle tragen neue Kleidung. Sie umarmen sich gegenseitig mit dem Glückwunsch: »Möge es dir das ganze kommende Jahr gut ergehen!« Am nächsten Tag besuchen sie ihre Freunde und Verwandten. Es gibt süßen Tee und Plätzchen, viel Gesprächsstoff und keine Geschenke.

Bei uns Europäern lag die ganze Zeit eine Frage in der Luft, aber erst jetzt wagte ein kühler Kopf, sie auszusprechen: »Warum passen wir uns eigentlich nicht den weihnachtlichen Gebräuchen des Gastlandes an?« Eigentlich lag die Lösung sehr nahe. Paulus hätte gesagt: »Den Kopten ein Kopte«, basta. Aber heute in der Teamrunde der Mitarbeiter war nichts mit Basta. Wir rebellierten heftig und einmütig. Geistliche und logische Argumente hatten keine Chance. Am Ende eines langen, heißen Abends legten wir uns beruhigt schlafen: Wir hatten unser deutsches Weihnachtsfest gerettet. Der vierundzwanzigste Dezember würde nicht zu einem ganz normalen Arbeitstag verkommen.

Um ehrlich zu sein: Paulus hinterließ die Spur eines schlechten Gewissens in uns. Wie hätte er wohl auf solch vordergründige Argumente reagiert? Hätte er uns disqualifiziert? Und wie mag Gott zu solch unzulänglichen Entscheidungen stehen? Im Nachhinein glaube ich, dass er geschmunzelt hat. Wie ich darauf komme? Nun, das hängt mit der Weihnachtsbaum-Erfahrung zusammen.

Wir machten uns wie jedes Jahr Sorgen um den Weihnachtsbaum. Unsere begehrte Tamariske war aus dem Assuaner Weihnachtsfest nicht wegzudenken. Pünktlich einen Tag vor Heilig Abend war sie bisher immer in die Kirche eingezogen, meistens in einem jämmerlichen Zustand. Zerzaust von Sandstürmen, mager aufgrund der lang anhaltenden Hitze, angefressen von Ziegen, kurz: erbärmlich anzusehen, stand sie da und wartete darauf, dass wir uns ihrer erbarmten. Der Gärtner hatte sie für uns besorgt – woher? Niemand wusste es. Und da wir alle ein schlechtes Gewissen hatten, weil dieses bescheidene Lebewesen aus dem Wüstenland sein Leben hatte opfern müssen, stellte auch niemand Fragen, außer dass wir den Preis diskutierten – und der wurde von einem Jahr zum andern unverschämter. Nun, ich glaube, es hing damit zusammen, dass es uns beim Handeln an Ausdauer und Hartnäckigkeit fehlte. Du liebe Zeit, wer will sich das Weihnachtsfest schon mit Feilschen verderben?!

In diesem Jahr wollte es uns überhaupt nicht mehr gelingen, einen Baum zu bekommen. Der Gärtner forderte einen so unverschämten Preis, dass eine ägyptische Arbeiterfamilie von diesem Geld drei Monate hätte leben können. Wir bemühten uns, wir feilschten wie die Araber, aber der sonst so zugängliche Mann ließ uns eiskalt abblitzen, denn er witterte das Geschäft des Jahres, und er schien zu wissen, was uns Europäern ein Weihnachtsbaum wert ist. Da platzte uns der Kragen und wir bestellten den Baum kurzerhand ab. Ich beobachtete, wie sich eine unserer jungen Schwestern verstohlen eine Träne abwischte. Weihnachten in der Fremde und dazu ohne Baum? Nicht vorstellbar!

»Was hat der Baum eigentlich mit dem Weihnachtsfest zu tun?«, hörte ich eine nüchterne Stimme fragen.

»Wollen wir unsere Weihnachtsfreude etwa an einem Baum festmachen?« Eine andere stellte fest, dass die Einheimischen doch auch sehr fröhlich Weihnachten feiern und keinen Baum haben.

Recht hatten sie, und trotzdem ...

Viel zu schnell war der Nachmittag des vierundzwanzigsten Dezembers angebrochen. Jeder lief, um seine letzten Vorbereitungen zu treffen. Ich musste noch einmal ins Schwesternhaus. Da blieb ich wie angewurzelt in der Tür stehen: eine Fata Morgana? Im Flur stand eine stattliche, wunderschön gewachsene deutsche Edeltanne, einfach so! Sie verströmte den Duft von hundert heimatlichen Weihnachtsfesten.

»Ein Gruß von der Firma Hoch-Tief«, sagte die Hausmutter. »Der Baum war ursprünglich für die deutschen Leute auf der Baustelle von Abu Simbel bestimmt, aber er bekam den Anschluss dorthin nicht mehr.«

Des einen Leid, des andern Freud: Nie habe ich mich über einen verpassten Anschluss so gefreut, und ich schämte mich nicht einmal dafür. Ich schaute auf die Uhr. In einer Stunde sollte der Gottesdienst beginnen. Spontan läutete ich die Glocke.

Irritiert strömten die Mitarbeiter zusammen. Wenn die Glocke läutete, musste etwas Außergewöhnliches passiert sein, etwa ein Wasserrohrbruch oder ein Feuer. Oder war vielleicht ein unerwarteter Weihnachtsgast aus Deutschland gekommen?

Ja, da stand er, unser Ehrengast. Wir großen Kinder fassten uns spontan bei den Händen und tanzten um ihn herum. Es wäre eine Szene für den Maler Ludwig Richter gewesen, hätten die zwei kleinen Hunde nicht gefehlt!

Nun führten wir das kostbare Stück in einer feierlichen Prozession in die Kirche, und dort schmückten wir unseren Baum liebevoll wie eine Braut zur Hochzeit mit kunstvoll gefertigten Strohsternen und Baumkerzen aus Deutschland. Sie hatten bis zum heutigen Tag in einem Kühlschrank dem großen Fest entgegengeträumt.

War das ein Weihnachtsfest! Als die Glocke läutete, strömte ein Volk aus aller Herren Länder herbei. Nicht nur die Touristen, die dem europäischen Weihnachtsrummel entflohen waren, hatten sich aus den Hotels aufgemacht, nein, auch viele Ägypter beider Religionen waren mit dabei, als die frohen Lieder ertönten. Wir feierten den Erlöser einer geschundenen Welt.

Ich musste an Hanafi denken, der nicht daran glauben mochte, dass Gott unsere Nähe sucht und deshalb seinen Sohn als verletzliches Baby auf die Welt hat kommen lassen. Gott ist eben noch größer, als Hanafi denken kann: so groß, dass er sich um unsere kleinen Belange kümmert.

11. Die Nacht des erwürgten Mondes

»Aus dem Krankenhaus kommen Trommelrhythmen. Weißt du, was da gefeiert wird?«

Eberhard schüttelte den Kopf. »Ich war heute Nachmittag noch auf der Männerstation. Vielleicht wird ein geheilter Patient abgeholt. Manchmal feiern sie das mit Musik. Es wird sicher bald wieder ruhig werden.«

Aber die Rhythmen wurden lauter, eindringlicher, hin und wieder unterbrochen durch lautes Trillern der Frauen – das musste einen besonderen Grund haben. Wir wollten es wissen und gingen hinüber ins Krankenhaus.

Das Zimmer, aus dem der Lärm kam, war so voll besetzt mit Frauen, dass wir keine Chance hatten, hineinzugelangen. Also fragten wir die Patienten draußen auf dem Flur.

»Es ist die Nacht des erwürgten Mondes, sie müssen den Mond frei trommeln.«

»Die Nacht des was?«

»Der Mond ist in Gefahr, er wird erwürgt. Habt ihr das noch nicht gemerkt?«

Wir traten ans Fenster. Da stand er, der Vollmond, so klar und nah wie eh und je, und die Sterne funkelten um ihn her, als hätten sie sich erwartungsvoll versammelt, um das Schauspiel des Jahrhunderts nicht zu verpassen. Von rechts hatte sich ein runder Schatten in das Mondrund geschoben – eine beginnende Mondfinsternis.

»Und warum muss er frei getrommelt werden?«

»Wenn wir Menschen ihn nicht befreien, dann passiert was Schlimmes.«

»Was wird dann passieren?«

»Irgendetwas ganz Schlimmes, das wissen wir seit Menschengedenken. Wir haben immer den erwürgten Mond befreit, wir haben ihn nie im Stich gelassen – und es ging jedes Mal gut aus.«

»Uns wäre es aber lieber, ihr würdet die Kranken jetzt schlafen lassen. Der Mond kann sich selbst befreien, er braucht die Hilfe der Menschen nicht, weil Gott seine Bahn bewacht.«

»Ach, was wisst ihr Europäer schon über unseren Mond! Euer Mond ist ein anderer.« Die Patienten umringten uns und redeten beschwörend auf uns ein, weil sie unseren Unmut über den nächtlichen Zinnober spürten. Sollten wir ein Machtwort sprechen?

Wir versuchten ein zweites Mal zu den Trommlerinnen zu gelangen. Die schwarze, wogende Menge im engen Zimmer bemerkte uns gar nicht. Die Augen wie im Trance-Zustand geschlossen, stießen sie Beschwörungsformeln aus, während ihre Hände über den Trommeln wie von fremder Hand geführt tanzten.

»Chalaas, haltet ein!«, riefen wir. Niemand hörte uns. Eine Frau fixierte uns mit ihren Blicken und legte den Finger an den Mund, als wollte sie sagen: »Jetzt ist keine Visite, der Abend gehört uns!«

»Ich möchte wissen, was die Christen dazu sagen.« Eberhard klopfte an eine Tür. Im großen Schlafsaal der Männer hatte er am Nachmittag mit Fuad, dem koptischen Lehrer, geplaudert.

Fuad war unruhig. »Der Mond hält mich wach«, seufzte er.

»Der Mond oder die Trommeln, wer hindert dich am Schlaf?«

»Es ist der Mond. Er macht uns Sorgen. Wenn er verschwindet, geht die Welt unter. Wir müssen ihn befreien.«

»Es scheint so, als gäbe es hier in Oberägypten keinen aufgeklärten Menschen«, seufzte Eberhard, als wir uns unverrichteter Dinge schlafen legten. Ich schloss genervt die Fenster. »Es wird eine unruhige Nacht werden.«

Die Trommeln schwiegen erst, nachdem der Erdschatten den Mond vollkommen freigegeben hatte. Viel Zeit blieb uns nicht, bis der Muezzin die Gläubigen zum Morgengebet rufen würde, denn im Hochsommer geht die Sonne sehr früh auf.

Um sechs Uhr klopfte es kräftig an unsere Tür. Auf dem Weg ins Krankenhaus hatte die Ärztin eine tote Frau im Hof gefunden. War sie im Trance-Zustand aus dem Fenster gefallen? War es ein Suizid? War sie in der Nacht im Hof tot zusammengebrochen? Und wer war sie überhaupt? Sie gehörte nicht zu unseren Patientinnen.

»Wir müssen die Kriminalpolizei rufen! Es wird heute sehr heiß. Der Leichnam muss schnell untersucht werden.«

Als die Mitarbeiter zum Dienst eintrafen, war die Frau bereits abgeholt worden. Die offenen Fragen ließen sich nicht sofort aufklären, aber unsere ägyptische Krankenhaus-Mannschaft handelte spontan. An der Unfallstelle versammelten sich unsere koptischen Schwesternhelferinnen. Sie riefen nach Magdi, dem Werkstatt-Chef. »Wir brauchen neun lange Nägel, schnell!« In aller Eile schlugen sie die Nägel mit einem schweren Hammer in den Boden.

»Was macht ihr da?«

»Wir fesseln den bösen Geist.«

»Wen?«

»Er sitzt hier unter der Erde. Feriäl ist schon in der Küche, um ihm ein Linsengericht zu kochen. Wenn er das bekommt, wird er sich beruhigen.«

Die Mädchen gackerten und flatterten wie ein Haufen irritierter Hühner, als Feriäl mit dem Linsengericht kam und es an der Unglücksstelle auf die Erde schüttete.

In diesem Augenblick trat die Bibelfrau Sitta Bahga in Aktion. Sie war eine kluge und charmante alte Dame, aber ihre volle Schönheit entfaltete sich, wenn sie in heiligem Zorn entbrannte. Als sie plötzlich in die Runde trat, verstummten die aufgeregten Stimmen augenblicklich. Bahga schaute die Mädchen forschend an, dann sagte sie ein paar Sätze, und die jungen Schwestern entfernten sich langsam mit gesenkten Köpfen, um an ihre Arbeit zu gehen.

»Sie hat gesagt, dass sie heute Abend an der Unglücksstelle ihr Bett aufschlagen will, um dort zu schlafen.« Sonia war außer sich. »Wehe ihr, der böse Geist wird sie verhexen!«

»Sie ist übermütig, wir müssen sie warnen!«, meinte Nasra.

»Gott würde sie behüten, sie brauche keinen anderen Schutz, behauptete sie – morgen werden wir mehr wissen«, flüsterte Ratiba ängstlich.

In der Tat, als Sitta Bahga am nächsten Morgen munter und fröhlich ihre Arbeit aufnahm, hatten die jüngeren Schwestern etwas Wichtiges gelernt.

»Aber, was war mit der Toten? Was hat die Obduktion ergeben?«, wollte ich wissen.

Eberhard zog die Schultern hoch. »Die Kriminalbeamten konnten keine Angehörigen ausfindig machen, also haben sie keine weiteren Anstrengungen gemacht, das

Rätsel zu lösen. ›Es war nur eine Frau‹, sagte der Beamte leise zu seinem Kollegen, und dann haben sie sich einen Tee bestellt.«

12. Kleiner Regen – großer Segen

Viel zu früh waren wir zum Bahnhof aufgebrochen, aber wenn Sitta Bahga zu ihrer Familie in den Urlaub abreiste, war sie nicht zu halten. Da standen wir nun mit Sack und Pack, Kisten und Taschen am Gleis in der Abendsonne und hatten viel Zeit.

»Wir hätten zu Hause noch einen Tee trinken sollen, Bahga«, sagte ich.

Die Bibelfrau zupfte den Schleier zurecht und schüttelte den Kopf. »Nein, nein, das ist so ganz in Ordnung! Ich habe immer großes Reisefieber, wenn ich nach Kairo fahre, und dann geht es mir hier am Gleis am besten. Ich muss ganz sicher sein, dass mich der Zug auch mitnimmt«, lachte sie.

Ich verstand ihre Sehnsucht nach den eigenen Leuten in der Ferne.

»Ich kenne außer dir keine Ägypterin, die alleine lebt und auf ihre Familie verzichtet«, bemerkte ich.

Bahga nickte. »Das ist auch nicht normal, mein Leben. Eigentlich sollte ich verheiratet sein – aber ich wollte nicht.«

»Und das hast du tatsächlich durchgesetzt? Was haben deine Eltern dazu gesagt?«

»Das ist eine sehr eigenartige Geschichte, weil Gott sich da ganz persönlich eingemischt hat«, schmunzelte sie. Ich wurde neugierig. Wir setzten uns auf die Koffer.

»Ich war eine sehr wissbegierige Schülerin, und als ich mit der Schule fertig war, wünschte ich mir nichts sehnlicher als eine Ausbildung auf einer Bibelschule. Meine Eltern liebten mich sehr, deshalb wagten sie es, mich in das Internat zu schicken. Das war völlig unüblich, eine Tochter vor der Heirat aus den Augen zu lassen. Ich war ihnen so dankbar für ihr Vertrauen! Drei Jahre lang durfte ich lernen, dann machte ich das Examen – und dann sollte alles aus sein! Meine Eltern warteten mit der ›Überraschung‹ auf, dass sie nun einen Bräutigam für mich ausgemacht hätten. Er sei ein guter Mann, ein frommer und unbescholtener Mensch, sie seien überzeugt, dass ich und er, Naim, ein gutes Paar abgeben würden. Außerdem sei er im Besitz einer Nähmaschine und ich könne nähen …«

»Na, wenn das kein gutes Omen ist!«

»Mich traf diese Nachricht wie ein Blitz aus heiterem Himmel. Mir war immer klar gewesen, dass mein Weg früher oder später in die Ehe führen würde. Eine Alternative gab und gibt es nicht für junge Frauen. Nun, da es so weit war, fing ich heftig an zu zweifeln. Wozu hatte ich die Bibel studiert? Wie hatte ich mich darauf gefreut, nun endlich in meinem geliebten Beruf zu arbeiten!

In mir schrie es: ›Nein, nein, nein!‹ Aber mein Gewissen schlug heftig. ›Du sollst Vater und Mutter ehren!‹, steht in der Bibel.

Ich war mir nicht sicher, ob das, was mich so aufwühlte, eigener Wunsch oder eine Berufung Gottes zum christlichen Dienst war. Wenn Gott mir klar zeigen würde, dass er mich berufen will, dann würde ich den Mut aufbringen, meinen Eltern ungehorsam zu sein. Wie aber sollte ich den Willen Gottes für mein Leben erkennen?

In meiner Verzweiflung wandte ich mich an die höchste Adresse. Ich betete: ›Vater im Himmel, ich möchte mich gegen meine Eltern nicht versündigen, aber ich spüre ein so mächtiges Verlangen, dir mein ganzes Leben lang in der

Verkündigung und in der Seelsorge zu dienen. Ich weiß nicht, was richtig ist. Bitte hilf mir, es herauszufinden.‹

Ich hielt einen Moment inne. Dann kam mir eine ganz verrückte Idee und ich sagte: ›Bitte gib mir ein ganz deutliches Zeichen! Bitte lass es heute im Laufe des Tages zu regnen anfangen, wenn ich Bibelfrau werden darf.‹ Bei mir dachte ich: ›Was Gideon sich leisten konnte, das darf ich auch!‹«

»Wow, das war aber mutig! Es regnet hier doch so gut wie nie!«

»Ja, ich habe es mir richtig schwer gemacht!«

»Wenn du in Deutschland gelebt hättest, dann hättest du in der Situation vielleicht gebetet: ›Herr, lass es heute dreiundvierzig Grad im Schatten werden!‹«

»Auf jeden Fall war es ein heißer, risikofreudiger Handel mit Gott. An jenem spannenden Tag lachte die Sonne knallvergnügt vom wolkenlosen Himmel wie jeden Tag. Ich hatte meinen Eltern von meinem seltsamen Vertrag mit Gott erzählt und ihnen versprochen, dass ich bis zum Abend dieses Tages eine Entscheidung treffen würde. Nun stand ich da und schaute in den Himmel, angstvoll, erwartungsvoll. Es wurde Mittag, es kam der Nachmittag, die Sonne lachte – nur ein winzig kleines, unbedeutendes Wölkchen stand am blauen Himmel, das war alles.

Als der Abend anbrach und es dunkel wurde, ging ich noch einmal nach draußen, um tief Luft zu holen. Alles deutete darauf hin, dass ich mich den Weisungen der Eltern würde fügen müssen.

Eine kühle Brise kam auf. Was spürte ich da auf dem Arm? Ein feiner Regen setzte ein, ganz kurz und viel zu wenig für die Natur, aber für mich reichte er aus. Ich dachte zuerst, es sei ein Traum, aber dann trug ich meine leicht benetzten Arme wie eine kostbare Trophäe vor mir her und hielt sie den Eltern entgegen. ›Schaut, was ich da auf meiner Haut habe!‹ Vater und Mutter schauten fassungslos auf das kleine Wunder. Der Vater legte seine Hand auf mein feuchtes Haar. ›So werden wir nun unsere Verantwortung für dich in Gottes Hände legen‹, sagte er.

Ich umarmte meine Eltern: ›Vater und Mutter maa salaama, Naim maa salaama, Nähmaschine maa salaama. Ich werde Bibelfrau!‹«

Bahga hatte beim Erzählen rote Wangen bekommen. Ich hatte die Welt um mich her vergessen.

Jetzt wurde es auf dem Bahnsteig lebendig. Kofferträger und Teeverkäufer riefen und schwatzten durcheinander. Eine Gruppe Männer in weißen Galabijen tanzte einen Stocktanz – der Freund zog aus zur Pilgerreise.

Nun näherte sich auch schon das schwarze Ungeheuer, fauchend und dampfend schlängelte es sich in den Bahnhof. Bremsen kreischten. Das Volk stürzte sich auf den Eisendrachen, als wollte es ihn zur Strecke bringen. Durch die halb offenen Fenster beförderten die Leute mit Schwung ihr kleines Gepäck: Kisten und Kästen, zugenähte Basttaschen. Dann kletterten sie hinterher, denn die Treppeneinstiege waren noch von den aussteigenden Fahrgästen blockiert. Einige geschickte Kletterer hatten sich blitzschnell einen Sonderplatz auf dem Dach eines Waggons gesichert. Dort oben würde der Schaffner mit Sicherheit nicht kassieren.

Auf dem Bahnsteig suchten und fanden sich die Angekommenen und ihre Familien. Freudenschreie, Tränen des Wiedersehens, stürmische Umarmungen, Küsschen rechts und links, Kofferträger auf der Jagd nach Kunden.

Die zierliche alte Dame in Schwarz neben mir schaute

gelassen dem hektischen Treiben zu. Sie vergewisserte sich, dass ihre Kartons mit den Lebensmitteln keine Beine bekamen. Schließlich legte sich der Tumult. Sie umarmte mich herzlich.

»Hoffentlich haben sie dir einen Platz übrig gelassen«, sagte ich besorgt.

»Inscha allah«, lächelte sie, indem sie die hohen Stufen nahm. »Notfalls gehe ich in den Tier-Waggon.« Ich reichte ihr Kisten und Kästen an, die Eier, die Tomaten, die Gurken. Damit würde sie ihre Familie beglücken. Seitdem der Schwager tot ist, muss die Schwester jeden Piaster dreimal umdrehen. Die vier heranwachsenden Kinder, von denen sie immer wieder sagt, sie seien auch ihre Kinder, sind gute Schüler und werden studieren wollen, so wie sie einst.

Das Signal der Lok ertönte, der weiße Dampf hüllte die Wartenden ein. Lautes Rufen, Lachen, Weinen, heftiges Winken. Langsam setzte sich der Eisenkoloss in Bewegung. In dreiundzwanzig Stunden würde Bahga verrußt und übermüdet in Kairo ankommen. Ich zog mein buntes Tuch heraus und winkte ihr nach, bis ihr weißes Taschentuch verschwunden war.

Nachdenklich verließ ich den Bahnhof. Mir war nun klar, warum diese Frau nicht wie jede andere Ägypterin war. Sie lebte alleine, ohne dafür verachtet oder belästigt zu werden. Sie genoss hohe Achtung bei Männern und Frauen.

Bahga brauchte keinen Mann, der ihr einen angemessenen gesellschaftlichen Status verlieh, sie brauchte keine eigenen Kinder, die ihre Würde und ihr Ansehen vermehrten, sie brauchte auch kein Ordensgewand, das ihr den Schutz einer Lebensgemeinschaft hätte bieten können.

Bahga hatte mit dem Segen Gottes so viel »Proviant« für ihre Lebensreise, dass sie nie hungern würde. Sie konnte es sich leisten, mit vollen Händen auszuteilen, ohne dabei ärmer zu werden.

Was für ein Segen war dieser kleine Regen geworden, diese Antwort Gottes auf ein ehrliches Gebet!

13. Abgründe

»Was ist los mit dir, Miriam?« Mohammed sah, dass seine Freundin geweint hatte.

Die zierliche Ingenieurstudentin legte ihre Hände um das Teeglas, als wollte sie sich wärmen. »Ach nichts, Mohammed, ist schon alles in Ordnung.«

»Das glaube ich dir nicht. Ich sehe doch, dass du traurig bist. Sag mir, was ist los!«

Miriams Augen füllten sich langsam mit Tränen. Ihre rechte Hand griff nach dem Halskettchen, an dem ein kleines goldenes Kreuz hing.

»Sie haben es bespuckt.«

»Was haben sie bespuckt?«

»Mein Kreuz, Mohammed. Kannst du nachempfinden, wie mir das wehtut?«

»Wer war es?« Mohammed war zornig aufgesprungen.

»Da hinten stehen sie zusammen, bei dem Anschlagbrett, die drei in den Jeanshosen mit den bunten Hemden!«

»Das darf doch nicht wahr sein! Das sind meine Tennisfreunde! Warte, ich bin gleich dort! Die werden mir nicht entwischen!«

Ali, Suleiman und Guma tauschten sich angeregt über den bevorstehenden Fakultätsausflug aus. Sie blieben merkwürdig distanziert, als ihr Freund hinzukam.

»Kommst du mit auf die Nildampferfahrt, Mohammed?«

»Na klar, ist doch Ehrensache! Aber ich möchte euch was sagen. Auf diesem Dampfer will die gesamte Fakultät fröhlich miteinander feiern, da werden Muslime und

Christen zusammen sein. Da haben eure bösen Spielchen keinen Platz!«

Die drei Freunde schauten ihn fragend an. »Was meinst du, Mohammed?«

»Ihr wisst genau, was ich meine! Und ich finde es angemessen, dass ihr euch bei Miriam entschuldigt! Tut ihr das nicht, sind wir die längste Zeit Freunde gewesen!«

Suliman und Guma grinsten einander an. Ali ergriff das Wort: »Seit wann regst du dich über solche Bagatellen auf? Es ist nötig, dass die Christen begreifen, wie absurd es ist, ein goldenes Kreuz zu tragen. Das ist doch eine Verunglimpfung des heiligen Gottes! Es ist ein echter Anstoß! Und du nimmst sie auch noch in Schutz! Mohammed, was ist los mit dir?«

Aus der Ferne beobachtete Miriam besorgt, wie die Diskussion heißer wurde. Mohammed ging ganz nah auf Ali zu und schaute ihm direkt in die Augen.

»Ali, jetzt sag ich dir was, und darüber kannst du denken, wie du willst: Miriam ist meine Freundin, auf sie lasse ich nichts kommen, sie ist eine wunderbare Frau.«

»Zugegeben, sie ist hübsch und intelligent, aber leider ist sie nur eine von den Nazarenern, und du machst dich lächerlich, indem du ihr Freund bist! Pfui Mohammed, fass mich nicht mehr an, ich sage dir, komm mir nicht mehr zu nahe!« Ali wandte sich ab und spuckte auf die Erde.

An diesem Abend begleitete Mohammed seine Freundin nach Hause und ließ das Tennismatch mit seinen Freunden platzen.

Schweigend gingen die beiden nebeneinander her, durch die belebten Straßen Schubras. Miriam wohnte im Christenviertel mit ihrer sechsköpfigen Familie auf engem Raum. »Willst du noch kurz mit hochkommen? Es ist heute niemand daheim. Wir könnten noch in Ruhe ein bisschen reden.« Mohammed spürte, dass Miriams Herz schwer war.

»Mohammed, ich möchte, dass wir unsere Freundschaft auflösen.« Miriam hatte eine Kanne mit kühlem Wasser und große Trinkgläser auf den Tisch gestellt. »Unsere Verbindung ist zum Scheitern verurteilt. Wir haben keine gemeinsame Zukunft.«

»Aber Miriam! So kenne ich dich noch gar nicht! Du bist doch nicht etwa durch diese Bagatelle entmutigt?«

»Das war keine Bagatelle, Mohammed, das war eine bitterböse und sehr ernst zu nehmende Kriegserklärung!«

Mohammed sprang auf und begann, in der engen Wohnung hin und her zu laufen wie ein Tiger in seinem Käfig. »Miriam, jetzt hör mir gut zu! Ich kenne die drei seit dem Kindergarten. Sie plustern sich gerne auf wie die Truthähne, aber dahinter steckt nichts als bodenlose Feigheit. Wir wären keine Freunde, wenn wir nicht seit Jahren ein tolles Tennis-Team wären. In den letzten Jahren mussten sie sich daran gewöhnen, dass ich meine eigenen Gedanken und Prinzipien habe, ... dass ich im Ramadan nicht so streng faste, und dass ich die Gebetszeiten nicht immer einhalte. Sie wissen auch, dass meine Eltern mich deshalb in Ruhe lassen. Meine Freunde werden sich an meine Ansichten gewöhnen müssen, oder sie haben Pech gehabt.«

»Wie meinst du das, Mohammed?«

»Nun, ich könnte auch ohne sie leben. Sie zu verlieren ist nicht wirklich ein Verlust – aber dich zu verlieren, das wäre für mich ein echtes Drama.« Mohammed hatte seine Hände wie einen Schutzwall um Miriams Hände gelegt.

Miriam entzog sich sanft der Berührung. »Bitte nicht, Hami, wir müssen vernünftig sein – du weißt, dass ich es mir nicht leicht mache. Ich empfinde so viel Liebe für dich, aber je stärker sie wird, desto größer wird meine Angst. Ich merke, wie ich innerlich zerreiße, es ist für mich unerträglich geworden. Das Anspucken kann ich um deinetwillen ertragen, aber es steckt Schlimmeres dahinter, glaub mir! Es ist nur die Spitze einen riesigen Eisberges. Ich will nicht, dass wir ins Unglück rennen, Mohammed. Lass uns jetzt, wo es noch möglich ist, einen Schlussstrich ziehen, bitte! Besser mit einer schönen Erinnerung und mit einer ungestillten Sehnsucht leben, als im Unglück verkommen.«

Mohammed war fassungslos. »Sag, hast du eine schwarze Brille auf, Miriam? Die Liebe ist stärker als alle Gefahren auf dieser Welt! Mit einem Menschen, den ich liebe, kann ich bis ans Ende der Welt gehen. Die Liebe ist auch ein gutes Heilmittel gegen den Fanatismus, daran glaube ich fest, und dafür kämpfe ich – nichts braucht unser Land nötiger als Menschen, die eine Brücke bauen über die tiefen Abgründe der religiösen Feindschaft.«

»Vielleicht hast du Recht. Vielleicht sehe ich zu schwarz. Aber vergiss nicht, dass wir Christen, solange wir zurückdenken können, uns diskriminiert fühlen, weil wir wie Menschen zweiter Klasse behandelt werden. Gerade letztes Jahr haben wir es wieder zu spüren bekommen. Mein Bruder hatte sich mit seinem glänzenden Jura-Examen beim Amtsgericht in Minja beworben. Er hatte beste Aussichten, den begehrten Posten als Referendar zu bekommen. Im letzten Moment bewarb sich ein Moslem mit einem weniger guten Zeugnis – das hat der Freund meines Vetters mir erzählt, er arbeitet dort. Und was geschah? Sie nahmen die bereits mündlich gemachte Zusage zurück. Der andere bekam den Posten.«

»Mit solchen Methoden werde ich aufräumen, sobald ich eine Leitungsposition habe!«

»Vergiss nicht, dass du überall nur ein Rädchen in einem System sein wirst – entweder du unterwirfst dich, oder du wirst abmontiert und ersetzt. – Erinnerst du dich an den Skandal um den Literatur-Professor Abi Hamed?«

»Du meinst den, der sich in einer Vorlesung kritisch zum Koran geäußert hat?«

»Genau, dem man daraufhin eine Zwangsscheidung von seiner Frau verordnet hat ...«

»Ich habe gekocht vor Wut! – Manchmal denke ich, in diesem Land kriege ich keine Luft zum Atmen ...«

»Übrigens, seine Frau hat sich ins Ausland abgesetzt, er ist ihr gefolgt, und sie haben im Exil ein zweites Mal geheiratet!«

»Und unsere Uni ist um einen brillanten Lehrer ärmer! Die Engländer nennen das ›brain-drain‹, Abwanderung der Intelligenz.« Mohammed war aufgestanden, um frische Luft hereinzulassen. Er schaute auf das Gewimmel auf der Straße tief unter sich. Die Geräuschkulisse zwang ihn, lauter zu reden. »Das Ausland wäre auch unsere letzte Rettung, Miri. Du als Zimmerfrau, ich als Tellerwäscher, wir beide gäben ein gutes Team ab!«

Miriam lachte: »Wie steht das doch so schön in der Bibel? ›Besser ein Linsengericht mit Liebe als ein gemästeter Ochse mit Hass.‹«

»Das steht in eurem heiligen Buch? Wo kann ich denn das nachlesen?«

»Der Spruch steht in der ›Weisheit des Salomo‹ – das Buch ist eine Fundgrube der Lebensweisheit.«

»Die Bibel ist ein sehr faszinierendes Buch. Danke, dass du es mir ausgeliehen hast!«

»Aber die Bibel kann auch ein unbequemes Buch sein, Hami. Pass auf, es kann dich umhauen!«

»Was soll darin so gefährlich sein? – Etwa die alten blutrünstigen Familien- und Kriegsgeschichten?«

»Die kannst du lesen wie einen realistischen Krimi, sie spiegeln den Menschen wider, wie er halt ist – aber die meine ich nicht. Ich denke eher an die Geschichten aus dem Leben Jesu. Er war knallhart und sehr kompromisslos – und gleichzeitig zärtlich-liebevoll.«

»Sehr sympathisch, dieser Proph…«

Miriam holte tief Luft, aber Mohammed winkte ab: »Heute nicht, sonst reden wir uns fest. Aber eine ganz praktische Frage habe ich noch: Gehen wir nun übermorgen zusammen zum Ausflug oder getrennt?« Miriam zögerte ein wenig, dann sagte sie: »Lass mir Zeit, nachzudenken.«

Der Studentenausflug versprach ein großes Ereignis zu werden. Am Nilufer sammelten sich die jungen Leute, bunt gekleidet und gut gelaunt. Manche konnten es nicht lassen, ihre Instrumente schon am Ufer herauszuholen, andere begannen zu tanzen und zu trillern. Klatschend sang der Rest ein Liebeslied. Dann drängte das übermütige Völkchen auf den alten Raddampfer – ein besonderer Tag war gekommen.

An diesem Tag schien sich auch das Zerwürfnis zwischen Mohammed und seinen Freunden zu lösen. Sie hatten sich ein lauschiges Plätzchen am Oberdeck zurechtgemacht und wie eh und je ihr Kartenspiel herausgeholt. Miriam war mit von der Partie. Sie trug einen leuchtend roten Hosenanzug.

Am Mittag legte der Dampfer in der Nähe eines Naturparks an. Es war Picknick-Zeit. Bastmatten wurden ausgerollt, Körbe und Taschen ausgepackt, Grillfeuer angefacht, und bald zogen unwiderstehliche Essensdüfte durch die Landschaft. Die Rasenflächen luden zum Spielen ein.

Als das Hupsignal des Dampfers die Fahrgäste zur Heimfahrt mahnte, stand die Sonne schon tief. An Deck leuchteten kleine, bunte Lampen auf, und aus dem Lautsprecher ertönte die unwiderstehliche Stimme der legendären Sängerin Umm Kalzum, während die Studenten sich hier und da ein Eckchen zum Spielen, Träumen oder Tanzen einrichteten. Langsam zog die romantische Uferlandschaft vorbei – Büffelkühe auf dem Heimweg, Fischer bei ihren Booten. Frauen trugen die gewaschene Wäsche in einer Schüssel auf dem Kopf nach Hause. Die Palmenhaine hoben sich nun, da die Sonne blutrot unterging, schwarz wie Scherenschnitte vor dem Firmament ab.

»Wie ich dieses Land liebe!« Mohammed hatte seinen Arm um Miriams Schulter gelegt. Guma und Suleiman trommelten mit ihren Händen und Füßen einen Rhythmus zur Musik.

Ali gesellte sich zu ihnen:

»Bald kommen wir am Bungalow meines Onkels in Heliopolis vorbei. Soll ich dir das tolle Haus zeigen, Mohammed? Er hat uns eingeladen, unser Examen dort zu feiern, wenn es so weit ist.« Mohammed nickte und sprang auf. Die beiden versuchten, ein freies Plätzchen am Heck zu erwischen, und spähten nach den gelben Gartenlampen von Onkel Omars Anwesen aus.

Plötzlich verstummte die Lautsprechermusik und das Schiff bremste ab. Man hörte lautes Rufen und Schreien, Stimmen schwirrten durcheinander:

»Über Bord?«

»Oben hinter der Kajüte!«

»Unser Plätzchen!«, schoss es Mohammed durch den Kopf.

»Die mit dem roten Anzug!«

»Was ist mit Miri?« Mohammed zog Ali hinter sich her und versuchte, sich an ihm festzuhalten, denn seine Knie waren kraftlos geworden. Ein Rettungsboot senkte sich ins Wasser hinunter, ein paar Rettungsringe wurden wahllos in den Nil geworfen. Am Nilufer sammelte sich das Volk, gestikulierte und zeigte auf das dunkle Wasser.

Oben, hinter der Kajüte, drängten sich die Matrosen um Suleiman und Guma. »Es war ein Unfall», sagte Guma, und Suleiman erklärte: »Sie hatte sich zu weit hinausgelehnt, um die Lichter von Kairo zu sehen.« Niemand sonst wollte irgendetwas bemerkt haben außer denen, die am unteren Deck den Sturz ins Wasser beobachtet hatten. »Etwas Dunkles schoss vorbei und verschwand im Nil.«

Mohammed schaute Ali und Guma forschend an, dann schrie er verzweifelt: »Miriam!! Miriam!!« Seine Freunde wollten ihn stützen, aber er schlug wütend um sich.

An diesem Abend schloss Mohammed sich in sein Zimmer ein. Drei Tage lang konnte er weder essen noch trinken noch schlafen. Dann packte er seinen Rucksack, steckte Miriams Bibel in seine Brusttasche und nahm Abschied. »Ich muss weg hier. Ich kann in diesem Land nicht mehr leben«, sagte er mit heiserer Stimme, umarmte seine Eltern liebevoll, verließ das Haus und bestieg noch am gleichen Abend ein Flugzeug nach Frankfurt.

14. Die Wüste als Oase

»Ich will nichts und niemanden mehr hören und sehen!«

Es war so weit. Ich hatte den Niltal-Koller. Jeder Europäer bekommt ihn, der eine früher, der andere später. Es steckt tief in uns Menschen von der nördlichen Halbkugel, dass wir hin und wieder die Einsamkeit brauchen, um zu uns selbst zu kommen. Dieses Bedürfnis unterscheidet uns deutlich von den Leuten im Niltal. Sie brauchen den Menschenpulk wie die Luft zum Atmen. Alleinsein macht ihnen Angst.

Der Patient im Krankenhaus bekommt nicht etwa hin und wieder Besuch, nein, er ist ständig umgeben von einer lebenden Bettumrandung. Möglicherweise schläft er tief und fest, während sein Besuch ungehemmt um ihn herum palavert.

»Kann ich denn keine zehn Schritte tun, ohne mich zum x-ten Mal einem Begrüßungsritual auszusetzen? Immer das Gleiche:

›Friede! Wie geht es dir?‹ ›Gott sei Dank!‹

›Wie geht es deinem Mann?‹ ›Gott sei Dank.‹

›Wie geht es den Kindern?‹ ›Gott sei Dank.‹

›Geh hin in Frieden. Möge es dir immer gut gehen!‹

Die Begrüßungsplatte hat einen Sprung.«

Auch zu Hause in den eigenen vier Wänden gibt es so etwas wie einen Belagerungszustand. Menschen kommen, wann sie wollen. Sie stehen unangemeldet strahlend vor der Tür, weil sie uns beglücken und beehren wollen.

Wollen wir verreisen, dann vergeht der Tag vor der Abreise mit Teetrinken. Jeder fühlt sich verpflichtet, sein Abschiedsritual mit uns zu feiern. Die halb gepackten Koffer stehen in der Ecke und warten ungeduldig darauf, dass es weitergeht. Wir müssen wohl oder übel eine Nachtschicht einlegen. Schlussendlich stehen viele Freunde auf dem Bahnhof, um uns zu winken.

Irgendwann hielt ich das Nähebedürfnis der Niltal-Menschen nicht mehr aus, und da entdeckten wir die Wüste. Sie ist hier zum Anfassen nah. Von unserem Balkon zur Nilseite hin sahen wir das andere Ufer. Morgens bei aufgehender Sonne leuchtet die große Sanddüne dort in goldenen Farben. Tagsüber können die Touristen sie auf befestigten Wegen besteigen, das Grabmal des moslemischen Sektenführers Aga Khan besuchen oder zum Simeons-Kloster wandern. Wer mehr möchte, stattet den Gaufürstengräbern einen Besuch ab und wandert bis zur »Windspitze«, einem kleinen Turm am Ende der Düne. Dort steigt man wieder zurück ins Tal. Die Wächter achten darauf, dass die Touristen sich nicht weiter in die Wüste wagen.

Nun, wir waren keine Touristen, man gewöhnte sich daran, dass die deutsche Familie mit den drei blonden Mädchen die Grenzüberschreitung einfach durchsetzte. Ein paar Schritte hinter dem Kamm der Düne verloren wir den Blickkontakt zum Niltal, und auch die Geräusche erreichten uns nicht mehr. Vor uns lag der größte Sandkasten der Welt. Die Kinder warfen vor Freude die Arme hoch, als wollten sie davonfliegen. Wir atmeten die reine Wüstenluft in tiefen Zügen ein. Über uns strahlte der azurblaue Himmel, ein Raubvogel kreiste lautlos in der Luft und spähte nach Beute aus: einer Maus? Einem Skorpion? Einer Schlange?

Wir legten uns in den warmen, weichen Sand und schlossen die Augen, spürten die Wärme der Sonnenstrahlen und den lauen Wind auf der Haut. Es war die Zeit des Schweigens und der Gottesnähe. Wir atmeten tief durch und kamen langsam wieder zu uns, ordneten unsere Gedanken, spürten unsere Gefühle und fingen an, miteinander zu sprechen.

Die Kinder suchten das Weite, fanden Tonscherben und bizarre Steine und folgten einer Schlangenspur, bis sie unter einem großen Stein verschwand. Hier in der Einöde kannte ihre Fantasie und Entdeckerfreude keine Grenzen.

Irgendwann mahnte uns die tief stehende Sonne, aufzubrechen. Wir nahmen den Rückweg durch den weichen Sand, rutschten mehr, als dass wir gingen, und freuten uns, dass die steile Sanddüne uns für den Weg nach Hause das Gefühl vermittelte, Sieben-Meilen-Stiefel zu tragen.

Am Ufer stürzten sich die Bootsmänner auf uns – das geschäftige Niltal hatte uns wieder.

Später, wenn ich an Assuan dachte, war es immer wieder dieser Ort, der vor meinem inneren Auge auftauchte. Dorthin würde ich zuerst wandern, sollte ich Assuan noch einmal wieder sehen.

Zehn Jahre vergingen, dann war es so weit. Mit einer Freundin bereiste ich meine Wahlheimat. In Assuan setzten wir mit der Fähre ans andere Ufer. Wir wollten die Sanddüne auf dem Schotterweg besteigen, aber ein paar aufdringliche Kameltreiber hinderten uns. Es schien, als hätten sie das Westufer für ihr Geschäft entdeckt.

»Man kann den Weg nur reiten, gehen ist viel zu weit«, wollten sie uns weismachen. Ein hartes Stück Arbeit war es, sie abzuschütteln, aber wir setzten uns durch. Oben angekommen, warteten bereits die nächsten Kamele auf uns. Sie wollten uns durch die Wüste schaukeln bis zu einem Disko-Zelt irgendwo zwischen den Dünen. Die Kameltreiber beherrschten die Zermürbungs-Taktik perfekt.

Ich war tief enttäuscht: das schönste Stück Erde war bevölkert, meine Oase der Stille und der Gottesbegegnung entweiht. Die hochnäsigen Kamele tänzelten röhrend um uns herum, als wollten sie sagen: »Hier kommt ihr nicht weg, es sei denn, wir befördern euch.«

»Hört zu, ihr Männer«, sagte ich, »lasst uns jetzt allein, denn wir möchten hier in der Wüste gerne beten.«

Das war das lösende Zauberwort! Die frommen Kameltreiber schienen uns sofort zu verstehen. Sie befahlen den Tieren, sich zu setzen, stiegen selbst auf und schnalzten mit der Zunge. Die Kamele sprangen auf und stoben davon. Sie verschwanden in einer großen Staubwolke. Gebannt schauten wir hinterher. In der Ferne sahen wir einen weiteren Kameltreiber heranreiten. Die drei Reiter hielten ein paar Sekunden an, sprachen miteinander, indem sie zu uns herüberschauten, dann trabten sie gemeinsam bergab.

»Ein beeindruckendes Land, in dem Gott die Vorfahrt hat«, sagte meine Freundin, während wir uns im weichen Sand niederließen.

15. Karima will zur Schule gehen.

»Nächste Woche geht die Schule wieder los, Karima, freust du dich?«

Die Achtjährige druckste. Dann sagte sie kaum hörbar: »Ich werde nicht mehr zur Schule gehen, meine Schuluniform ist zu teuer. Mein Vater sagt, ich habe genug gelernt.«

»Und was wirst du den ganzen Tag zu Hause machen?«

»Meiner Mutter helfen, mein Brüderchen tragen, Wasser holen. Meine Mutter bekommt wieder ein Baby. Sie sagt, Mädchen würden später sowieso im Haus sein, Kinder kriegen und Essen kochen, es sei nicht wichtig, dass sie Lesen und Schreiben lernen.«

»Und du, was denkst du?«

Karimas Blick verdunkelte sich. Ich sah, wie der Schmerz in ihr hochstieg und ihre Augen sich mit Tränen füllten. »Ich gehe so gerne zur Schule. Ich war bei den Besten in meiner Klasse. Mein Lehrer war sehr zufrieden mit mir.«

»Was wird er machen, wenn du nicht mehr zur Schule kommst? Wird er deinen Vater anzeigen?«

»Nein, ich glaube nicht. Die Klasse ist sehr groß, der Lehrer wird sich freuen, wenn sie kleiner wird. Da sind noch mehr Kinder, meistens Mädchen, die auch nur zwei Schuljahre machen. Wenn wir weg sind, hat er weniger Arbeit. Aber ich muss jetzt gehen! Meine Eltern warten! Mein Vater ist entlassen worden. Es war schön bei euch!« Sie nahm den kleinen Bruder auf ihre Hüfte und ging mit den Eltern davon.

Karima hatte sechs Wochen lang täglich ihren kranken Vater im Hospital besucht. Der Weg vom Armenviertel »Seel« bis zu uns an den Nil war weit und mühsam gewesen. Oft hatte sie das dreijährige Brüderchen getragen, um ihre schwangere Mutter zu entlasten. In dieser Zeit hatten wir uns lieb gewonnen. Ihre Abschiedsworte hatten sich wie ein Stachel in mir festgesetzt. Karima, dieses aufgeweckte Mädchen als Analphabetin? Unvorstellbar!

Sollten wir ihr das Geld für die Schuluniform einfach geben? Unmöglich, denn dann würden die »Karimas« sich sprunghaft vermehren. Im Seel-Gebiet wohnen die Menschen Hütte an Hütte, und jeder erfährt alles von jedem.

Sie müsste eine Gelegenheit bekommen, sich das Schulgeld zu verdienen!

Die Sache ließ uns nicht mehr los.

Wenige Tage später machte ich mich mit Schwester Margarethe auf den Weg. Mit dem Auto fuhren wir zum Stadtrand. Wir parkten den Käfer auf der befestigten Straße, die das Armenviertel von der übrigen Stadt trennt. Hier geht es nur zu Fuß weiter. Eine schmale Brücke über einer stinkenden Kloake ist der Zugang zum Seel.

Die Schlammhütten waren damals, als der Staudamm gebaut wurde, wie die Pilze aus der Erde geschossen. Verarmte Bauernsöhne aus ganz Ägypten hatten sich hier beim Bau des Dammes einen kleinen Job sichern wollen. Man hatte ihnen ein Grundstück in dieser unwirtlichen Wüstengegend geschenkt, wo sie sich mit ihren Familien niederließen. Das einfache Haus wurde aus Nilschlamm mit eigenen Händen gebaut. Fünf Minuten Regen pro Jahr würden diesen Mauern keinen Schaden zufügen.

Jetzt, zehn Jahre nach dem Staudamm-Bau, gab es

einen Stadtteil mit zehntausend Haushaltungen, allesamt ohne Strom und ohne Kanalisation. Christen und Muslime wohnten Wand an Wand.

Unterwegs entdeckten wir die Achtjährige in ihrem bunten Perlonkleid an der Wasser-Zapfstelle. Sie wartete geduldig in einer langen Schlange. Endlich war sie dran, füllte ihren großen Blechkanister, hob ihn mit Hilfe einer Freundin auf den Kopf und lud uns ein, sie nach Hause zu begleiten. Klatsch-klatsch, machten ihre Plastiksandalen bei jedem Schritt. Der Himmel hatte sich rot gefärbt, und der Gebetsrufer rief gerade zum Abendgebet.

Wir wanderten durch die staubigen Gassen des Armenviertels. Hier und da mussten wir eine große Abwasser-Pfütze umgehen. Fliegenschwärme begleiteten uns. An den Lehmwänden der Hütten saßen die Leute im Abendlicht und grüßten uns neugierig. Ein paar Straßenkinder warfen mit Steinen und Lehm, aber ein alter, hagerer Mann wies sie zurecht.

Nach vielen Windungen erreichten wir die Hütte, in der Karima mit ihrer Familie lebte. Der einzige Raum – ausgestattet mit drei Holzpritschen entlang der Wände und einem Marienbild an der ungetünchten Wand – spiegelte die Armut der koptischen Familie wider.

Jousuf, ein stiller Mann, dessen Alter ich nicht schätzen konnte, begrüßte uns freundlich. »Wie schön, dass jemand von der ›Germanija‹ zu uns kommt!«

»Und was macht deine Gesundheit?«

»El hamdu illäh, Gott hilft mir jeden Tag. Gestern habe ich zum ersten Mal nach meiner langen Krankheit die Pferde des Kutschers Ahmed am Nilufer gewaschen. Ich kann wieder ein wenig Geld verdienen, Gott sei Dank.«

»Am Nil hast du dir die Bilharziose gefangen. Findest du keine andere Arbeit?«

Jousuf zog die Schultern hoch. »Ich habe es als Schuhputzer versucht, aber die anderen Schuhputzer haben mich vertrieben. Sie wollten nicht, dass ich in ihr Revier einbreche und ihnen die Kunden wegschnappe. Dann habe ich eine Zeit lang Falafel verkauft. Der Stand gehört meinem Nachbarn Radi. Er musste nach Kairo zu seiner kranken Mutter und überließ mir seine Arbeit für diese Zeit. Jetzt ist Radis Mutter gestorben, und er steht wieder auf dem Markt. Es ist sehr schwierig, Arbeit zu finden, ich kann halt nur Gelegenheitsarbeiten machen, weil ich keine Schulbildung habe.«

»Wie gut, dass es heute die Schulpflicht gibt«, sagte ich.

»Ja, du hast Recht. Unser Sohn Sawiris soll es einmal besser haben. Er wird die höhere Schule besuchen, wenn er die Prüfung besteht. Leider ist er nicht sehr fleißig. Karima würde es spielend schaffen, aber leider ist sie nur ein Mädchen.«

»Meinst du damit, dass Mädchen nicht auf die Schule gehören?«

»Ich habe Karima zwei Jahre zur Schule geschickt, das muss reichen. Sie kann jetzt einigermaßen lesen und rechnen. Mehr ist nicht gut. Mädchen, die zu viel Schulbildung haben, sind später ihren Männern nicht gehorsam. Es ist nicht gut, wenn sie zu selbstbewusst werden. Und außerdem, wie sollte ich die Kosten aufbringen?«

Es war ein hartes Stück Arbeit, Jousuf davon zu überzeugen, dass Karima ein Recht auf mehr Schulbildung hatte. Schließlich gaben wir ihm das Geld für die Uniform, wohl wissend, dass dieses Almosen nicht wirklich das Problem lösen würde.

Wir hatten es vorausgesehen und befürchtet: In der nächsten Woche stand Habiba vor unserer Tür, dann kam Farida – auch sie wollten das Geld für die Schule. Das wurde die Geburtsstunde des »Meschrel«.

Unsere Werkstatt bestand aus einem unmöblierten Raum, den wir über eine halsbrecherische Stiege erreichten. Wir besaßen sechs Scheren und einen Grundstock Näh- und Stickgarn samt Nadeln. Aus Akhmim, dem bekannten Handweber-Städtchen in Mittel-Ägypten, ließen wir den Stoff kommen. Ein paar Monate zogen ins Land, bis die Mädchen saubere Handarbeiten herstellen konnten und ihr erstes selbst verdientes Geld bekamen. Karima hielt den Fünf-Pfund-Schein weinend vor Glück in der Hand und stellte fest: »Jetzt verdiene ich mehr als mein Vater.«

Plötzlich war das Zimmer zu klein geworden. Unten, vor dem Haus, drängelten sich die Mädchen und Frauen, rangelten, keiften, stießen sich gegenseitig zur Seite, und Azmi, der verzweifelte Hausherr, versuchte sie mit einem Stock zu disziplinieren.

»So geht es nicht weiter!« Entmutigt wollten wir das »Projekt Seel« aufgeben. Da kam das Geld für ein richtiges Seelhaus, und in der evangelisch-koptischen Gemeinde bildete sich ein Team von Lehrern und Ärzten, die ihr Können gerne ehrenamtlich einbringen wollten.

Als unsere Rückkehr nach Deutschland feststand, war das Seelhaus fertig. Wir gaben ihm den Namen »Dar-es-Salam« – Haus des Friedens. Hier sollten Christen und Muslime gleichermaßen ein- und ausgehen und von den Angeboten profitieren: Kranke fanden kostenlos Hilfe, Analphabetinnen lernten endlich Lesen und Schreiben, Mütter bekamen Hygiene-Unterricht, und natürlich gab es nach wie vor den »Meschrel«, in dem sich die Schülerinnen ihr Schulgeld verdienen konnten, weil Touristen gerne ihre wunderschönen Handarbeiten abkauften.

Am Tag vor unserer Abreise stand Karima vor unserer Tür. Auf ihrem Kopf trug sie eine Strohtasche, gefüllt mit frisch gebackenen Fladenbroten. Oben drauf saßen zwei Täubchen, an den Füßen angebunden.

»Für euren Hunger unterwegs, einen schönen Gruß von meinen Eltern«, sagte sie, »und geht hin in Frieden.«

Ich ahnte nicht, dass wir uns viele Jahre später wiedersehen würden – aber davon erzähle ich an anderer Stelle.

16. Das Dorf im Hochhaus

Schlimmer konnte es nicht kommen! Da hatten wir wochenlang darüber diskutiert, wo und wie wir uns in Damaskus niederlassen wollten. Wir waren fest überzeugt gewesen, dass es in der Altstadt gute Quartiere für einen Monat geben würde – und nun waren wir mit Sack und Pack im neunten Stock eines Wohnblocks im Russenviertel gelandet, weit draußen vor den Toren der sagenumwobenen ältesten Stadt der Welt. Immerhin, der kranke Aufzug hatte uns tatsächlich bis ins oberste Stockwerk befördert.

Die Wohnung unter dem schlecht isolierten Dach hatte die Hitze eines Spätsommertages gespeichert. Uns brach der Schweiß aus. Wir öffneten die Rollläden der Fenster und Balkontüren und ließen das Abendlicht herein.

Unten, schwindelerregend tief, donnerte der Schwerverkehr in Richtung Aleppo vorbei. Es knatterte, als ob eine Hubschrauberflotte das Haus umkreiste. Wir schauten über eine Grünfläche mit weidenden Büffelkühen bis hinüber zum felsigen Bergmassiv des Kassioumgebirges, das sich wie eine starke Schutzmauer der ständig wachsenden Stadt in den Weg stellt. »Halt, hier ist für euch die Welt zu Ende«, scheint sie zu sagen. Aber die Leute haben ihre Häuschen wie Schwalbennester an die Felswände gebaut und dem unwirtlichen Koloss Meter für Meter abgerungen. Eberhard schrie mir etwas ins Ohr, aber ich konnte ihn nicht verstehen. Wir schlossen die Tür und wandten uns der gegenüberliegenden Seite zu. Hier war es friedlich, welch eine Wohltat!

Vor unseren Augen tat sich die Fensterfront eines

zweiten Wohnhauses auf, so nah, dass wir ohne Schwierigkeiten Einblick in das Leben hinter den Scheiben hatten. Wie kleine Guckkästen präsentierten sich die erleuchteten Wohnungen gegenüber. Hier überreichte gerade ein Besucher einen Blumenstrauß, dort redeten zwei Frauen auf eine weinende dritte ein, weiter unten saß eine Familie vor dem Fernseher, im sechsten Stock ganz rechts arbeitete ein Student am Schreibtisch. Darunter spielte ein Vater mit einem etwa Zweijährigen.

Unten vor dem Eingang hielt ein Taxi. Ein Paar stieg aus, er trug eine große Schachtel vorsichtig vor sich her. Es würde nicht lange dauern, dann würden wir die beiden hinter einer der Scheiben wiedersehen. Im zweiten Stock sprang eine junge Frau auf. Tatsächlich, da waren die beiden! Küsschen rechts, links, rechts, Besuch war gekommen!

Warum in aller Welt schützen sich die Leute nicht vor fremden Blicken?

Vielleicht wollen sie sich gar nicht schützen! Wer sich versteckt, hat unter Umständen etwas zu verbergen und gerät leichter ins Visier der Geheimpolizei – wer weiß?

Auf den Balkonen gegenüber steckten auch einige Leute ihre Nasen in die frische Abendluft und schauten genauso unverblümt wie wir in die Guckkästen des Nachbarhauses.

Jemand grüßte uns freundlich, als seien wir alte Bekannte: »Nun ist der neunte Stock auch wieder bewohnt«, schien er zu denken.

Ja, der neunte Stock sollte uns einige Überraschungen bescheren.

Wir hatten angefangen, die Wohnung zu reinigen, da klingelte es. Eine gepflegte alte Dame stellte sich uns als

Nachbarin vor, überreichte uns einen Teller mit Süßigkeiten und forderte uns auf, gelegentlich bei ihr hereinzuschauen. Mit einem freundlichen Lächeln verschwand sie diskret hinter ihrer Wohnungstür.

Unten, im Erdgeschoss hatten wir in einem Supermarkt das Nötige zum Abendessen gekauft. Nun saßen wir am Tisch im Esszimmer unter einer geheimnisvollen Grafik. Goldene Schriftzeichen, kunstvoll ineinander verschlungen und mit einer Neonröhre ins rechte Licht gerückt, forderten meinen Lese-Ehrgeiz heraus. »Es ist die erste Koransure«, erkannte Eberhard mit Kennerblick. Über dem schweren Büfett an der Seitenwand röhrte ein Hirsch vor der Kulisse der Schweizer Berge.

Das Telefon klingelte. Wer könnte das sein?

»Hallo? Inta min?« Schweigen. Ein summendes Geräusch, dann hatte der andere aufgelegt. »Der Muchabarat scheint die Wohnungen zu überwachen«, meinte Eberhard. »Sie wollen wohl gerne wissen, was wir Ausländer hier machen, mit wem wir Kontakt haben und warum. Das Netz des Geheimdienstes muss hier noch besser funktionieren als in Ägypten. Ich würde mich nicht wundern, wenn hier und da Wanzen in der Wohnung versteckt wären.«

Ich trauerte immer noch der Altstadt nach, hatte ich doch davon geträumt, in einem alten Damaszener Gehöft zu residieren, mit Marmorfliesen, Springbrunnen und Feigenbaum im Innenhof und einem Messingklopfer an dem Tor, und nun hausten wir in einem langweiligen sozialistischen Plattenbau, der, kaum dass er existierte, auch schon wieder baufällig war. Unromantischer und anonymer ging es nicht!

Wie gut aber, dass es Atnan und Sonia gab, die Eltern unseres Freundes Elia aus Hamburg. Sie hatten uns zu dieser Wohnung verholfen, und sie selbst wohnten vier Stock tiefer auf der anderen Seite. »Wann immer ihr etwas braucht oder ein Problem habt, kommt zu uns!«

Atnan war ein kleines, hageres Männchen mit einem lustigen Schnurrbart. So ähnlich hatte ich mir als Kind das tapfere Schneiderlein vorgestellt. Wann immer wir ihn in seiner Wohnung aufsuchten, nahm er eine Messingkanne in die Hand und bot seinen bitteren, ungenießbaren Zichorienkaffee an. Zeit schien er im Überfluss zu haben.

Atnan wird wissen, wie ich hier an einen guten Schneider komme, dachte ich mir.

Ich hatte nämlich die Entdeckung meines Lebens gemacht, und sie hatte mich mit unserer misslichen Wohnsituation versöhnt: der »Suq-il-Hamidia« in der Altstadt – ein Eldorado für Kauflustige mit viel Zeit und kleinem Geldbeutel. Unter einem Tunneldach zwischen den alten Mauern gelangt man an alle Herrlichkeiten, die die orientalische Welt zu bieten hat. »Ich werde Stoff kaufen und mir einen Kurzmantel schneidern lassen«, hatte ich mir vorgenommen.

Sonia konnte das nicht einordnen. »Bei euch in Deutschland gibt es doch alles fertig zu kaufen! Wozu dieser Umstand?«

»Ein handgeschneidertes Kleidungsstück ist für mich etwas sehr Kostbares, Sonia. In Deutschland wäre das ein Luxus. Hier gibt es noch die fabelhaften Handwerker – es ist aufregend, ihnen bei der Arbeit über die Schulter zu gucken. Und dann eure Auswahl an Stoffen! Ich könnte hier in Damaskus kaufsüchtig werden!«

Sonia hatte rote Wangen bekommen. »So spricht eine Europäerin über unser Land? Ich sag's ja immer, ich bin so zufrieden hier in Syrien! Wir haben doch ein gutes Leben hier, aber alles, was jung ist, will ins Ausland! Es ist ihnen nicht gut genug, unser Syrien.« Sonias Augen füllten sich mit Tränen. »Drei Söhne haben wir, einer lebt in Russland, einer in Deutschland und einer in Frankreich. Warum tun sie mir das nur an?« Die Mama ließ ihren Tränen freien Lauf.

Atnan schien diese Gefühlsausbrüche zu kennen und kam ungerührt zurück zur Sache. »Einen Schneider suchst du? Ich kenne Schneider wie Sand am Meer, aber einen wirklich guten? Lass mich nachdenken!« Nun griff er zum Telefonhörer und wählte, sprach, wählte wieder, sprach erneut, wählte ein drittes Mal.

»Ich bin noch nicht erfolgreich, aber heute Abend werden wir mehr wissen, ich bin sicher. Ich melde mich bei euch! Hast du denn den Stoff schon gekauft?«

»Ich war ein paarmal unterwegs auf dem Suq – die Auswahl ist riesig, heute Nachmittag werde ich kaufen.«

»Ich komme mit dir, damit du nicht zu viel bezahlst.«

Atnan winkte ein Service-Taxi herbei. Wir quetschten uns in das bereits voll besetzte Vehikel und gaben unseren kleinen Obulus einem Mitreisenden, der ihn weiterleitete. Er wanderte durch viele Hände nach vorne zum Fahrer. Zügig ging die Fahrt bis in die Altstadt.

Hier verschwanden wir in dem Tunnelsystem, das ich inzwischen »Himmel« zu nennen pflegte – enge, überdachte Gassen, voll gestopft mit allem, was der Mensch zum Leben braucht oder auch nicht braucht: mein Einkaufsparadies, ein Bazarhimmel mit vielen kleinen Seitenhimmeln. Im Haupthimmel erwarteten uns die großen Läden mit ihren glitzernden Angeboten. Hauskleider, reich mit Brokat und Perlen bestickt, Tischdecken aus Goldfäden gewebt, bleischwer. Lederwaren, traumhafte

Seidenstoffe, zum Teil handgewebt, Schuhe, Wäsche, Kopftücher.

Atnan schwenkte bald ab in einen Seitenhimmel. »Da ist alles etwas preiswerter.« Er betrat fünfmal hintereinander kleine, unscheinbare Läden, deren Besitzer er zu kennen schien, ließ sich das Angebot zeigen, merkte sich die Preise im Kopf, und dann nahm er mich mit in einen großen, hell erleuchteten Laden. Einer der Verkäufer kam lachend auf uns zu und begrüßte uns herzlich, machte sich dann auf die Suche nach dem gewünschten Material. »Er wohnt in unserem Haus, sechs Stock unter euch«, raunte Atnan mir zu.

Das Angebot ließ nichts zu wünschen übrig. Hier würde ich kaufen, aber Atnan verhinderte es geschickt. Er ließ sich einen kleinen Stofffetzen abschneiden, verhandelte noch einmal mit ein paar kurzen Sätzen und empfahl sich. »Der Verkäufer ist bereit, uns einen Hochhaus-Rabatt zu gewähren. Überschlafe die Sache einmal, dann kannst du ihn morgen zu Hause anrufen, und er bringt dir die Ware mit.«

Am nächsten Morgen stand Batta vor der Tür, bereit zum Ausgehen. Batta ist die jüngste Tochter von Sonia und Atnan. Sie wartete auf ihr erstes Kind und wohnte deshalb vorübergehend bei den Eltern.

»Wir wissen jetzt ungefähr, wo ein guter Schneider wohnt, komm' mit mir, ich begleite dich!«

»Aber ich habe den Stoff noch nicht!«

»Malesch, du kannst ihn nachreichen!«

Mutig vertrauten wir uns dem Fahrstuhl an. Batta stoppte ihn im vierten Stock und klingelte an einer Tür. Eine freundliche junge Frau öffnete. Sie schien auf unseren Besuch vorbereitet zu sein und bat uns höflich, hereinzukommen und Platz zu nehmen. Sie verschwand im Schlafzimmer und kam mit einem Hosenanzug zurück. »Schauen Sie sich den Anzug an, er ist sehr gut gemacht, nichts ist daran auszusetzen«, und sie wendete die Jacke auf links. »Auch das Futter ist tipptopp, ich kann Ihnen meinen Schneider wirklich empfehlen, Madame. Wenn Sie möchten, begleite ich Sie dorthin.«

So kam es, dass wir zu dritt zum Schneider Ahmed um drei Ecken pilgerten.

Vor dem Haus angekommen, nahm sie meinen Arm. »Schauen Sie, die Häuser in dieser Straße sind alle gleich. Sie werden das richtige Haus leicht verfehlen, aber wenn Sie vor Ahmeds Tor stehen, können Sie durch das große Tor gegenüber in den Schulhof schauen. Dann sind Sie sicher, vor dem richtigen Haus zu stehen. – Und außerdem: Hier blüht eine weiße Bougainvillea!«

Der Schneider Ahmed in seinem dunklen Keller-Atelier nahm nicht nur die Bestellung an, sondern er gab mir auch eine Adresse für einen Laden, in dem ich den gewünschten Stoff noch preiswerter erstehen würde. Batta winkte ein Taxi herbei und sorgte dafür, dass der Einkauf prompt getätigt wurde, denn »wer weiß, ob ich dir morgen noch helfen kann«, lachte sie und streichelte ihren Bauch.

Zufrieden kehrten wir heim. Wer das Hochhaus betritt, muss am Pförtnerhäuschen vorbei. Die Tür öffnete sich, und eine Familie quoll uns entgegen, vier pausbäckige Kinder mit verfilztem Haar schauten mich neugierig an. Ihre Mama im langen, reich bestickten Beduinenkleid grüßte mich wie eine alte Bekannte. Ich erwiderte ebenso freundlich.

»Und? Hat es geklappt?«, fragte sie.

»Was meinen Sie?«

»Ich meine, haben Sie einen guten Schneider gefunden?«

»Alle Welt scheint zu wissen, wer wir sind und was wir tun, und dabei leben wir erst drei Tage hier. Soll ich darüber lachen oder weinen?«

»Sei froh, es scheint, als hätten die Hochhaus-Leute uns in ihre Dorfgemeinschaft aufgenommen.«

Ich musste an den Ghanaer denken, der uns neulich zu Hause in Deutschland über den Weg gelaufen war und erbärmlich gefroren hatte. Wir hatten uns eine Weile unterhalten, danach war mir klar, dass sein Frieren nicht nur mit den Außentemperaturen zusammenhing. »Ich bin seit fünf Jahren in Deutschland und habe noch kein einziges deutsches Haus von innen gesehen«, hatte er erzählt. Ich war sehr beschämt gewesen.

Als ich von der ersten Anprobe zurückkam, begegnete mir Atnan im Treppenhaus. Er strahlte: »Ihr seid herzlich eingeladen, unser siebtes Enkelkind anzuschauen. Es ist diese Nacht geboren. Wir sind überglücklich. Batta freut sich sehr, wenn ihr bald kommt!«

Vor der Wohnungstür begrüßte uns die energische Stimme des kleinsten Erdenbürgers in diesem großen Haus. Im Empfangszimmer saßen die Gratulanten um den stolzen Vater geschart, schlürften süßen Tee und probierten libanesische Pralinen. Dabei lief der Fernseher wie immer, was aber die Gespräche über Gott und die Welt kaum beeinträchtigte. Im Schlafzimmer thronte die junge Mama mit ihrem bildschönen Kind auf einem breiten Bett und ließ sich feiern.

Sonia hatte alle Hände voll zu tun und sah übernächtigt aus. »Wozu soll man zur Geburt ins Krankenhaus? Wir wissen doch, wie man Babys holt, das gehört ganz natürlich zum Leben!«

Sonia genoss es weidlich, eines ihrer »Küken« sicher unter ihren Fittichen zu haben. Hingebungsvoll versorgte sie die Wöchnerin und das Kleine und bediente die Gäste im Salon, aber es war nicht zu übersehen, wie jeder Schritt ihrem schweren Körper zu schaffen machte. Ihre Beine waren dick geschwollen.

»Das ist im Sommer immer so«, meinte sie ungerührt. Und dann lachte sie: »Dann laufe ich halt wie eine Ente.«

Unsere Tage in Damaskus eilten dahin. Eine Über-Land-Reise in billigen Bussen nach Aleppo und das Übernachten in schlechten Betten bescherten mir einen Hexenschuss. Die syrische Lumbago-Variante schien es in sich zu haben, denn meine Medikamente aus der Reiseapotheke zeigten überhaupt keine Wirkung. Die Schmerzen wurden unerträglich.

»Atnan und Sonia werden Rat wissen!«

Sonia hatte, wie so oft, das Haus voll Besuch. Dennoch erschien sie mit einer Ärztin aus der Hochhaus-Gemeinschaft.

»Es tut mir Leid, Sie dürfen diese Spritze frühestens diese Nacht um zwei bekommen, Sie haben schon zu viel eingenommen«, bedauerte die Doktora.

Sonia räusperte sich: »Ich habe das Spritzen gelernt, ich werde diese Nacht um zwei kommen, die Ärztin braucht den Nachtschlaf nötiger.«

Tatsächlich klingelte es um Punkt zwei in der Nacht. Nie sind mir vier Stunden so lang vorgekommen, nie habe ich einen Menschen so herbeigesehnt.

In dieser Nacht begann ich, mein Hochhaus samt seinen Einwohnern zu lieben.

Als ich Sonia am nächsten Tag fragte, was man in

Syrien für einen Arzt-Hausbesuch bezahlt, erwiderte sie energisch: »Das war kein Arztbesuch, das war normale Nachbarschaftshilfe. Komm nicht auf die Idee, das bezahlen zu wollen, damit machst du gute Beziehungen kaputt! Wenn du dich erkenntlich zeigen willst, erfreue die Leute mit einem Besuch! Nichts ehrt sie mehr!«

Also steckten wir eine große Suchard-Schokolade ein und machten uns auf, um einen schönen Blumenstrauß aufzutreiben. Am Abend würden wir einen Blitzbesuch bei Doktora Hanan machen und ihr danken.

Die Ärztin und ihr Mann strahlten, als wir vor der Tür standen. Sie nötigten uns, hereinzukommen, uns niederzulassen und mit ihnen zu essen und zu trinken. Ihre Freude über den unverhofften Besuch war so echt, dass wir unsere Blitzversion schnell über Bord warfen und bei ihnen blieben. El hamdu lilläh, wir hatten genug Zeit, wir waren weit weg von unseren heimatlichen Pflichten, wir hatten hier keinen Terminkalender, nicht tausend Absprachen.

Aber unsere Gastgeber?

»Ja, wir haben beide einen langen Arbeitstag, aber jetzt ist Feierabend. Unsere Kinder? Sie werden von der Oma versorgt, bis wir abends heimkommen, aber heute bleiben sie ausnahmsweise auch über Nacht bei ihr. – Wir sind gar nicht zufrieden mit dieser Lösung, als Mutter würde ich viel lieber zu Hause bleiben und die Familie versorgen. Aber das ist purer Luxus, den können wir uns nicht leisten. Keine Familie kann hier von einem einzigen Gehalt leben. Wir sind so dankbar, dass die Oma noch gesund genug ist, um uns zu unterstützen.«

Sie wollten viel wissen über das Leben in Deutschland. Sie hatten gehört, dass die jungen Leute nicht mehr heiraten wollen. Sie konnten sich nicht erklären, warum der

Drogen- und Alkoholkonsum in Deutschland so hoch ist. Und die Selbstmordrate!

»Warum seid ihr in Deutschland nicht einfach nur glücklich? Ihr habt Eigenheime, Autos, gute Gehälter, ein traumhaftes Sozialnetz und ein aufwendiges Gesundheitssystem. Ihr habt große, schöne Gotteshäuser. Warum sind sie sonntags leer? Vielleicht ginge es euch wieder gut, wenn ihr ein sozialistisches Staatssystem hättet, wie wir!«

Nun, davon waren wir nicht überzeugt, aber dass unser Leben, wenn es sich vereinfachen würde, auf eine andere Art reicher und tiefer würde, das glauben wir.

Es wurde ein langer, spannender Abend.

Die Tage in Damaskus vergingen wie im Flug. Während Eberhard seinen Studien nachging, studierte ich die Altstadt mit ihren faszinierenden Kirchen, Moscheen, Palästen, Badehäusern, und natürlich den Suq, den überdachten Markt. Dieser Tunnel mit dem großen Bild des Staatspräsidenten am Eingang zog mich an wie eine Lampe die Fliege. Hier kam mir zum ersten Mal in meinem Leben der Wunsch, auch auf dem Kopf Augen zu haben. Da oben unter den Dächern hingen die kostbarsten Schätze dieser Welt. Ich wanderte durch den Pettycoat-Himmel, durch den Plastikhimmel, im Haushaltswaren-Himmel standen mir die Kochlöffel, Teekessel und Knoblauchpressen Spalier. Dann wurde es immer enger: Ich war im Knöpfe- und Nähutensilien-Himmel gelandet und fragte mich, wer denn all diese Zutaten verarbeiten würde. Im Haarschmuck-Himmel lernte ich zu verstehen, warum die syrischen Mädchen und Frauen sich so gerne herausputzen. Im Gewürzhimmel deckte ich mich ein mit wohlriechenden Kräutern, sonnengereiftem getrocknetem

Obst und Gemüse, Nüssen und Gewürzen. Erst wenn sich meine Augen müde gesehen hatten und meine Füße schmerzten, trat ich den Heimweg an.

Im Hochhaus lief mir Atnan über den Weg. »Gibt es euch überhaupt noch? Seit drei Tagen haben wir kein Lebenszeichen mehr von euch! Wann kommt ihr endlich zu uns, damit wir zusammen essen?«

Sonia hatte gekocht, als wenn eine Hochzeit gefeiert würde. Der viel zu kleine Tisch bog sich unter der Last der Speisen. Sie reichte uns eine Platte mit knusprigen Bällchen. »Das ist Qibbi, unser Nationalgericht. Das müsst ihr unbedingt noch probieren! Unsere Kinder mochten es am liebsten.« Wieder wischte sie sich eine Träne ab.

Das Füllhorn ihrer Liebe ergoss sich gnadenlos über uns, wir wünschten uns all ihre Kinder aus Russland, Deutschland und Frankreich herbei, um uns zu entlasten. Atnan sorgte schließlich mit seinem bitteren Zichorienkaffee für eine Verdauungshilfe, und der klapprige Aufzug brachte uns bequem zurück in unsere Wohnung.

Als mein Mantel fertig war, neigte sich unsere Zeit in Damaskus dem Ende zu. Das Kleidungsstück saß wie angegossen und kostete einen Spottpreis. Ich gab dem Schneider Ahmed und seiner Tochter ein gutes Bakschisch, um ihnen zu zeigen, dass ich ihre Arbeit sehr wertschätzte. Unvergesslich ist mir das überraschte, strahlende Gesicht der kleinen Frau im dunklen Kellerloch geblieben – und wahrscheinlich wird auch sie mich nie vergessen.

Am Abreisetag stand Atnan um fünf Uhr morgens vor unserer Tür. Er hatte ein Taxi bestellt, das bereits unten zwischen den Hochhäusern wartete. Zuerst beförderte er Sack und Pack in den Aufzug und verschwand nach unten. Bald tauchte er wieder auf, um uns abzuholen. Er telefonierte ein zweites Taxi herbei, als er sah, dass es zu eng würde, denn er wollte uns persönlich zum Flughafen begleiten.

Auf Wiedersehen, Hochhaus, du großes Dorf – unser Dorf.

17. Dreitausend Briefe an die Mutter

»Erzählen Sie Ihre Geschichte, wem Sie wollen, bei mir können Sie damit nicht landen!« Der Beamte im Ausländeramt der fränkischen Kleinstadt war geräuschvoll von seinem Schreibtisch aufgestanden. Erregt sortierte er die Blätter und heftete sie eilig ein, dann stellte er die Akte mit energischer Geste ins Regal.

»Solche Geschichten gibt es wie Sand am Meer, sie beeindrucken mich nicht mehr, es sei denn, Sie könnten es beweisen, dass ein Religionswechsel in Ägypten verfolgt wird. Ich habe mit der ägyptischen Botschaft in Bonn telefoniert. In Ägypten herrscht Religionsfreiheit, sagte mir Herr Ali, der Beamte. Also hören Sie auf mit Ihren Fantasiegeschichten!«

Der schmale, blasse junge Mann gegenüber war auch aufgestanden. Er begann, sein Hemd aufzuknöpfen, legte es auf den Stuhl und zog dann auch sein Unterhemd aus.

»Ich habe einen Beweis«, sagte Faruk und drehte dem Beamten den Rücken zu. »Sehen Sie die kreisrunden Narben? Das sind Verbrennungen. Sie haben im Gefängnis ihre Zigarettenstummel auf meinem Körper ausgedrückt. Sie wollten mich zwingen, mein islamisches Glaubensbekenntnis zu erneuern. Ich tat es nicht, deshalb steckte man mich in eine psychiatrische Klinik. Ich wurde einer Gehirnwäsche unterzogen. Religionsfreiheit besteht in Ägypten nämlich nur für Christen. Sie dürfen ihre Religion frei ausüben oder zum Islam übertreten. Ein Moslem aber darf nicht Christ werden – das ist eine Todsünde, sie wird schwer bestraft. Wer es überleben will, muss untertauchen oder fliehen.«

»Ich werde Sie dem Amtsarzt vorstellen«, sagte der Beamte kurz und notierte etwas auf ein Blatt.

Faruks Narben haben damals die Abschiebung verhindert. Er hatte Freunde gefunden, die ihm halfen, Deutsch zu lernen und schließlich einen Studienplatz für Theologie zu bekommen.

Aber sein Kopf streikte. Er bewarb sich bei uns um eine praktische Büroarbeit.

»Und woher kommen diese unerträglichen Kopfschmerzen?«

»Nun, das ist eine lange Geschichte – haben Sie Zeit?«

»Als ich daheim in der Ausbildung auf der Hotel-Fachschule war, hatte ich einen Freund, den ich sehr mochte. Obwohl Ibrahim Christ war, hatten wir ein sehr gutes Verhältnis. Oft besuchte ich ihn in seinem Elternhaus.

Eines Tages sah ich eine Bibel auf seinem Schreibtisch liegen und fing an, darin zu lesen. Das war so spannend, dass ich alles um mich herum vergaß. Ibrahim bot mir an, das Buch mit nach Hause zu nehmen, um es in Ruhe zu studieren. Ich hatte aber Bedenken – meine Eltern sind sehr strenge Muslime, sie hätten mir große Schwierigkeiten gemacht. Also beschloss ich, meinen Freund öfters zu besuchen und diese Zeiten für das Bibelstudium zu nutzen. Ibrahim gab mir geduldig Auskunft, wenn ich irgendetwas nicht verstand.

Ich begann, die Bibel und den Koran miteinander zu vergleichen. Ich entdeckte einen ganz anderen Gott in der Bibel. Besonders intensiv las ich die Jesus-Geschichten – es zog mich mit Macht immer wieder zu diesen Seiten – und ich fing ganz langsam an zu begreifen, warum Jesus sterben musste.

Irgendwann beschloss ich, die Bibel nie wieder anzurühren, weil sie mein Denken völlig durcheinander gebracht hatte. Da sah ich eines Nachts Jesus im Traum. Als ich wach wurde, hatte ich das untrügliche Gefühl, dass er mich gerufen hatte.

Ich vertraute mich meinem Freund an. Ibrahim reagierte sehr aufgeregt. Er hatte Angst. Wenn ich mich taufen ließe, würde er als mein Freund verdächtigt werden, mich verführt zu haben. Er verwies mich an seinen Priester.

Der Priester wurde ganz blass, als ich mein Anliegen ausgesprochen hatte. ›Nein, sagte er, das geht nicht, ich darf keine Muslime taufen. Wenn ich es doch tue, werde ich verhaftet!‹

Ein sehr mutiger Priester in Alexandrien hat mich schließlich nach einem sehr langen Gespräch heimlich nachts getauft.

Ich spürte aber, dass ich meinen Glauben nicht heimlich leben konnte, also vertraute ich mich meinen Eltern an. Sie waren schockiert und versuchten mich mit allen Mitteln zurückzugewinnen. Sie argumentierten, machten mir Versprechungen, drohten mir, weinten – es war eine schlimme Zeit für uns alle.

In jener Zeit lernte ich Nasra kennen, eine junge Christin, mit der ich ganz intensive Glaubensgespräche führte. Sie war mutig und unerschrocken, wenn sie ihren Glauben bezeugte. Ich lernte viel von ihr – und dann merkten wir, dass wir verliebt waren. Unsere Freundschaft wurde immer tiefer, so dass unseren Nachbarn und Verwandten nicht verborgen blieb, dass wir zusammengehörten. Nun begannen auch sie, mich zu hinterfragen, und versuchten, mich auf den rechten Weg zurückzubringen. Sie blieben erfolglos.

Eines Abends ging ich mit Nasra spazieren. Wir wollten nach dem Jugendclub wie jedes Mal noch ein wenig plaudern und gingen durch die Zuckerrohr-Felder. Plötzlich brach sie neben mir zusammen. Ihre weiße Bluse verfärbte sich rot, und sie starb wenig später in meinen Armen. Ich wusste, dass es ein Anschlag auf mich sein sollte.

Jetzt wurde es ernst. Meine Verwandten begannen, mich zum islamischen Gebet zu zwingen, aber ich weigerte mich. Da zeigten sie mich kurzerhand an. Ich kam ins Gefängnis. Dort wurde ich nach schrecklichen Verhören mit brennenden Zigarettenstummeln gefoltert. Ich blieb meiner Entscheidung treu und kam deshalb in eine psychiatrische Klinik.

Man sagte mir dort, dass meine Entscheidung, Christ zu werden, wohl im Zustand von geistiger Umnachtung gefallen sei, und dass es nötig sei, mich mit Elektroschocks zu behandeln. Ich wurde an ein Bett fixiert. Ich konnte mich nicht wehren. Seitdem habe ich Tag und Nacht unerträgliche Kopfschmerzen.

Irgendwann kam ich ›ungebessert‹ und völlig kaputt aus der Klinik und beschloss, mein nacktes Leben zu retten. Meine Eltern gaben mir ihr mühsam Erspartes. Es sollte eigentlich für meine Hochzeit sein. Nun brauchte ich es dringend für die Flucht nach Deutschland. Wir weinten sehr beim Abschied. Ich machte mich heimlich wie ein Krimineller bei Nacht und Nebel davon.

Am Frankfurter Flughafen atmete ich tief durch – ich war auf dem Boden eines christlichen Landes, niemand würde mich hier verfolgen. Ich hätte vor Erleichterung die fremde Erde küssen können! Es war ein Freitagabend. Ich fieberte dem Sonntag entgegen: Zum ersten Mal würde ich einen Gottesdienst besuchen.

Ein Bus brachte mich zusammen mit anderen Flüchtlingen in eine Kleinstadt. Ich bekam ein Zimmer in einem Asylantenheim und etwas Geld – und dazu einige Anweisungen.

Am Sonntag wachte ich ganz aufgeregt auf. Ich hörte Glocken läuten – das musste die Kirche sein! Eilig lief ich durch die Straßen und blieb vor einer Kirche stehen. Hier war alles still. Kein Mensch begegnete mir. Das Schild an der Tür konnte ich nicht lesen. Also ging ich zurück ins Asylantenheim. Die Leute dort wussten aber, dass der Gottesdienst erst um zehn Uhr beginnen würde. Ich versuchte es noch einmal. Nun war die Kirchentür offen. Mein Herz klopfte, als ich durch das Tor ins Innere trat. Ein Mann saß vorne allein und betete. Ich setzte mich neben ihn, so wie es in den Moscheen Sitte ist – das Gotteshaus füllt sich bei uns von vorne nach hinten. Etwas später kamen viele Leute, aber sie setzten sich fast alle in die hinteren Reihen. Hatte ich etwas falsch gemacht?

Ein Pastor in schwarzem Gewand leitete den Gottesdienst. Die Leute sangen zur Orgel schöne Lieder und beteten miteinander, der Pastor hielt eine Rede. Dann ging ein Korb durch die Reihen, und ich begriff zu spät, dass es eine Geldsammlung war. Als der Gottesdienst zu Ende war, gingen alle Leute still hinaus. Ich stellte mich erwartungsvoll an die Tür in der Hoffnung, dass mich jemand begrüßen würde, aber sie gingen alle vorbei. Sie hatten ernste Gesichter, als wären sie bedrückt, und junge Leute entdeckte ich kaum. Als alle weg waren, schloss ein Mann die Tür ab. Da bin ich auch weggegangen.

Am nächsten Sonntag passierte mir das Gleiche in der anderen Kirche unserer Stadt. Nachdem alle Leute weg waren, schlenderte ich durch die Straßen. Da kam ich an einem großen Haus vorbei, aus dem gerade viele Leute strömten. Sie begrüßten sich, lachten und redeten miteinander. Über der Haustür war ein Kreuz zu sehen. Eine Kirche ohne Turm? Neugierig ging ich in den Hof. Da kam ein junger Mann zu mir und fragte mich, woher ich käme und wie ich heiße. Zum Glück konnte er Englisch. Wir haben eine Weile geplaudert, und dann lud er mich ein, ihn zu Hause zu besuchen.

Stefan und ich wurden bald Freunde. Er half mir in vielen Situationen, übte Deutsch mit mir, nahm mich mit zum Fußball. Seine Familie wurde auch meine Familie. Das half mir, wann immer mein Heimweh zu groß wurde.

Ich bin jetzt acht Jahre in Deutschland. Mein Heimweh ist schlimmer als alle Folterungen. Ich schreibe immer noch jeden Tag einen Brief, besonders an meine Mutter, weil auch sie so sehr unter der Trennung leidet. In den Briefen meiner Eltern lese ich zwischen den Zeilen von ihrer Hoffnung, dass ich eines Tages ›zur Vernunft komme‹. Sie berichten von schlimmen Anfeindungen. Elfmal haben die Leute mein Elternhaus angezündet. Sie wollen Vater und Mutter damit sagen, dass sie bei meiner religiösen Erziehung versagt hätten. Die muslimische Gemeinschaft des Dorfes fühlt sich durch meinen Ausbruch verraten.

Dies alles passierte, weil mir ein faszinierendes Buch in die Hände gekommen war.«

18. Wiedersehen mit Karima

»Sitta Troeger?« Die junge Dame an der Rezeption im Oberoi-Hotel schaute mich fragend an. Ich wollte meine Reisegruppe aus Deutschland einchecken.

»Ja, ich bin Frau Troeger!«, sagte ich etwas irritiert.

Die hübsche Frau stieß einen Schrei aus, verließ ihren Platz hinter der Anmeldung und umarmte mich stürmisch.

»Kennst du mich noch? Ich bin Karima aus dem Seel!«

»Karima?? Du? Hier im Oberoi?«

Die junge Frau in dunkelblauer Uniform mit schneeweißer Bluse wirkte adrett, eine vornehme Erscheinung, sicher im Auftreten. Mir verschlug es mein Arabisch.

»Please, if you like, we may speak English«, half sie mir.

Unser Wiedersehen nach so viel Jahren ließ die Vergangenheit wie einen Film vor meinem inneren Auge vorübergleiten. Ich sah die Achtjährige im Kreis ihrer Freundinnen auf der Erde sitzend über einer Stickarbeit. Sie hatte geschickte Hände und viel Geduld. Ich erinnerte mich, wie schwer es gewesen war, den kranken Vater davon zu überzeugen, die Tochter länger als zwei Jahre zur Schule zu schicken. Karima gehörte zu den Mädchen im Armenviertel »Seel«, die keine große Zukunftschance hatten. Nun stand sie mir im Oberoi-Hotel strahlend gegenüber.

»Ich wünsche Ihnen einen guten Aufenthalt, und, inscha allah, darf ich Sie zu mir nach Hause einladen?«

»Gerne, Karima, wir sind fünf Tage in Assuan, und ich habe einen freien Tag!«

Die junge Dame von der Rezeption konnte unsere Begegnung nicht abwarten und lud mich in ihrer Freistunde zu einem Tee im Garten ein. Ihre Augen strahlten. Vor mir saß eine pharaonische Schönheit, die es mit jedem europäischen Model hätte aufnehmen können.

»Wie geht es den Leuten im Seel?«, wollte ich wissen.

»Oh, es geht uns viel besser! Wir haben jetzt Wasser und Elektrizität in den Häusern, und eine Kanalisation. Seitdem sind die Infektionskrankheiten zurückgegangen. Ich habe für meine Mutter einen Herd und einen Kühlschrank gekauft. Gott sei Dank, dass ich meine Familie unterstützen kann, denn mein Vater ist vor drei Jahren an den Folgen der Bilharziose gestorben. Mein großer Bruder studiert Maschinenbau, und meine jüngste Schwester Miriam will Sekretärin werden. Wovon sollten wir leben, wenn ich nicht diesen guten Posten hätte!«

»Du bist jetzt fünfundzwanzig Jahre alt. Hast du schon einen ernsthaften Bewerber?«

»Ich habe drei Vettern, die Interesse an mir bekundet haben. Aber ich will nicht, noch nicht. Wenn mein Bruder einmal Geld verdient, werde ich es mir neu überlegen. Wenn ich an meine Mutter denke, wie mühsam und sorgenvoll ihr Leben war, dann würde ich am liebsten gar nicht heiraten. Aber als Frau alleine bin ich ungeschützt und in der Gesellschaft nicht anerkannt. Nur die Huren leben allein. Außerdem möchte ich auch gerne Kinder haben.«

»Wer weiß, vielleicht kommt einmal ein Traumprinz!«

Karima lächelte: »Es gibt in unseren Hotels viele reiche Touristen. Manchmal bekomme ich von ihnen ein großes Bakschisch und schöne Komplimente. Aber ihre freizügige Art, mit Frauen umzugehen, finde ich gar nicht gut – und außerdem: Wir ägyptischen Mädchen sind doch fast alle beschnitten, welcher Europäer würde eine beschnittene

Frau wollen!? Umgekehrt ist es logischer: Unsere jungen Männer suchen ihre Frauen gerne in Europa.«

»Karima, sag mir, warum bloß werden in Ägypten die Mädchen immer noch beschnitten?«

»Frag mich was Leichteres, ich weiß es nicht. Ich weiß nur, dass ich meine eigenen Mädchen einmal mit allen Mitteln vor einem solchen Verbrechen schützen werde, und wenn die ganze Verwandtschaft mit Kanonen auf mich schießen würde!«

»Ist es denn die Verwandtschaft, die den Druck ausübt? Gesetzlich ist es doch längst verboten!«

»Die Sippe wacht darüber, dass die Mädchenbeschneidung stattfindet, und seit dem Verbot wird es halt heimlich gemacht. Man tut es konsequent, weil es auf keinen Fall geschehen darf, dass ein Mädchen vor der Ehe entjungfert wird. Das wäre eine große Katastrophe, die die Ehre der gesamten Familie zunichte macht. Ein beschnittenes Mädchen hat Angst vor jedem sexuellen Kontakt, und dadurch sind die Mädchen geschützt – um einen hohen Preis!«

»Es muss schlimm gewesen sein für dich.«

»Es war das Schlimmste in meinem Leben überhaupt, manchmal wünsche ich mir, ich wäre dabei gestorben, dann müsste ich nicht mit dieser Erinnerung leben. Aber ich bin nicht allein mit dieser Erfahrung. Alle meine Freundinnen haben es durchgemacht. Lisa und Sonia und Soraya und all die anderen aus unserer Gruppe damals. Und nun werden sie Ehefrauen und Mütter, und sie erzählen, wie weh es tut, mit dem Mann zu schlafen, und dass es die Hölle ist, ein Kind auf die Welt zu bringen. Wenn wir Frauen zusammensitzen und von unserer Beschneidung erzählen, vergehen die Stunden wie bei einem

Krimi im Fernsehen. Nur sind es keine erdachten Geschichten, es ist leider wahr, und wir leiden immer noch, und es wird nie aufhören.«

Karima spielte nervös mit ihrem Goldkettchen, und ihre Augen wanderten weit weg. Ich schwieg.

Ein kleiner, schwarzer Hund schoss auf uns zu. »Das ist Dina, der Hund meines Chefs. O weh, es ist vier Uhr, ich muss zurück an die Rezeption.« Karima war aufgesprungen. »Übermorgen nehme ich Sie mit in den Seel!«

Wie damals wanderten wir durch die engen Gassen des Armenviertels. Fast hätte ich die Gegend nicht wieder erkannt.

»Da stehen ja überall feste Steinhäuser zwischen den Nilschlammhütten!«, wunderte ich mich.

»Ja, das ist der Segen, den uns der Jahrhundert-Regen hinterlassen hat. Vor drei Jahren hat es eine halbe Stunde lang wie aus Kübeln geschüttet. Unser Gebiet war am schlimmsten betroffen. Die Häuser lösten sich auf und zerflossen. Eine braune Lehmbrühe schoss durch die Straßen, sie kam aus den Fenstern und Türen. Wir standen hilflos daneben und weinten. Am Abend war der Spuk vorbei, aber der Seel sah aus, als hätten die Israelis uns zusammengebombt. Glücklicherweise hat die Regierung sofort reagiert und uns Geld gegeben zum Wiederaufbau. Manche Leute hatten genug, um sich Steine zu kaufen für ein festes Haus. Wer nicht genug hatte, holte sich eine Ziegelform und stellte aus dem weichen Lehm neue Ziegel her, die nur ein paar Tage an der Sonne trocknen müssen. Natürlich haben wir jetzt immer große Angst vor einem neuen Regen. Seitdem der Stausee angestaut ist, hat sich das Klima verändert.«

Karimas Mutter hatte einen Kuchen gebacken. »In einem richtigen Backofen«, strahlte sie. »Der Seel hat seit einem Jahr ein Stromnetz!«

Ich musste das Glanzstück ihrer sonst bescheidenen Küche bewundern.

»Damals hatten wir nur einen Spirituskocher auf der nackten Erde. Das war mühsam und so gefährlich. Einmal hat sich die kleine Miriam verbrannt – es war sehr schlimm, und wir dachten, sie müsse sterben. Aber el hamdu lilläh, Gott war uns gnädig, das Kind kam durch.«

Während ich den Kuchen probierte und dazu einen süßen Tee trank, machte sich Karima an einer Truhe zu schaffen. »Ich muss dir was zeigen«, sagte sie geheimnisvoll, und dann zog sie ein buntes, gehäkeltes Kleidungsstück hervor. Ich erkannte es sofort wieder.

»Deine erste Wolljacke, Karima!«

»Weißt du noch, wie ich geschwitzt habe, als ich das Häkeln lernte? Und schau, hier ist die Häkelnadel! Ich habe seitdem viele Sachen gemacht, für meine kleinen Geschwister und meinen Vater. Und meine Jacke trage ich im Winter immer noch – sie war ja ziemlich groß ausgefallen.«

»Du warst eine gute Schülerin, Karima, ich war immer sehr stolz auf dich.«

Die junge Frau strahlte. »Der Meschrel war mein Lieblingsort. Ich habe mich die ganze Woche auf den Dienstag gefreut, wenn ich zum Unterricht durfte. Es war der beste Tag in der Woche. Zum Schluss haben wir die schönen Lieder gesungen und eine Geschichte gehört, das war unvergesslich.« Karima begann eine Melodie zu summen. Dann fiel auch die Mutter ein, und sie sangen miteinander:

»Wenn ich krank bin, zu wem außer zu dir könnte ich gehen?

Wenn ich traurig bin, zu wem außer zu dir könnte ich gehen?

Wenn ich hungrig bin, zu wem außer zu dir könnte ich gehen?

Du, Jesus, machst mich gesund, tröstest mich, machst mich satt.«

»Nach dem Meschrel habt ihr Besuche gemacht. Hier war jemand gestorben, dort war ein Kind angekommen. Die Leute saßen vor ihren Türen und rätselten, wen ihr denn wohl heute beehren würdet. Eines Tages war bei uns die kleine Miriam geboren, und ihr kamt zu uns. Sie bekam eine warme Wolldecke für den kalten Winter. Ich habe sie immer noch und benutze sie jetzt als Schultertuch.

Als dann der Doktor ins ›Dar-es-salam‹ kam und kostenlos Klinik machte, war Jousuf so dankbar, denn er wurde immer schwächer. Er hätte den weiten Weg bis zu euch ans Nilufer nicht mehr geschafft. Er ging auch am Abend sehr gerne in die Bibelstunde. Die Leute hier im Seel sind friedlicher miteinander umgegangen, weil sie Gottes Wort hörten. Aber leider war irgendwann alles plötzlich zu Ende.«

»Wir hörten, es hätte einen Streit gegeben!«

»Ja, es war wegen einer winzig kleinen Sache während des Kliniktages, da gerieten sich beim Warten im Hof ein Christ und ein Moslem in die Haare und zogen die Messer. Das passiert hier oft an sehr heißen Tagen. Die Leute haben leider die Polizei gerufen, anstatt zwischen den Kampfhähnen zu schlichten, und das war fatal. Die Polizei hat kurzerhand den Meschrel verboten und das

Haus abgeschlossen. Fertig. Vielleicht kam es der Geheimpolizei entgegen, dass sie einen Grund hatte, die Arbeit zu verbieten.«

Auf dem Rückweg zum Hotel hatte ich genug Zeit, mich an unsere neun Jahre in Assuan zu erinnern, während der Pferdekutscher das schwerfällige Fahrzeug geschickt durch die engen Gassen Alt-Assuans manövrierte. Ja, so war es, dachte ich, wir haben geschuftet, uns abgeplagt, hatten tausend Ideen und versuchten sie umzusetzen. Wir fühlten uns wie Landarbeiter auf einem dürftigen Boden. Wir setzten Pflanzen in die karge Erde, sorgten für Wasser und Schatten, freuten uns, dass die Pflänzchen anwuchsen – und dann kam eine Ziege und fraß sie auf.

Eine heimliche Wut stieg in mir hoch. Was hatte ich eigentlich in diesem Land zuwege gebracht? Wozu der hohe Einsatz, die heißen Sommernächte ohne Schlaf, die Amöbenruhr-Attacken, wozu der Verzicht auf all die Annehmlichkeiten, die ich in der Heimat hätte haben können? Aber dann tauchten wieder die fröhlichen Gesichter von Karima und ihrer Mutter vor meinem inneren Auge auf, und ich dachte: Wenigstens für sie hat es sich gelohnt. Kaum gedacht, musste ich lächeln.

Typisch ich. Ich will etwas aufzuweisen haben. Aber Gott schaut nicht, was und wie viel wir tun, sondern wie wir es tun – er will unser Herz, nicht unsere Leistung.

Auch für mich hat es sich gelohnt, dachte ich weiter. Gott hat mich gelehrt, mich hinauszuwagen, aus den vertrauten Grenzen der Heimat in die Unsicherheit und Unberechenbarkeit eines mir total fremden Kontinents. Er hat mich fühlen lassen, wie es ist, Ausländerin zu sein. Er hat mir zugetraut, Anfeindungen und Kriegsgeschrei zu ertragen mit der Zusage, dass er im dunklen Tal bei mir ist. Ich habe gelernt zu vertrauen. Eine köstlichere Erfahrung gibt es nicht!

»Wir sind angekommen«, sagte der Kutscher und half mir aus dem Wagen. Ich bezahlte und ging hinunter zum Nilufer. Gerade legte drüben am Oberoi-Hotel die kleine, romantische Fähre ab.

Ich setzte mich auf einen warmen Stein und blinzelte in die untergehende Sonne. Blutrot stand sie hinter der »Windspitze« und versank deutlich erkennbar Stück für Stück, während das warme Ockergelb der Sanddüne dem grauen Schatten des Abends wich. Am Nilufer schnellten kleine, silberne Fische aus dem Wasser. Fasziniert verfolgte ich das allabendliche Schauspiel. Eine erfrischende Brise strich durch mein Haar. Hinter mir klapperten Pferdehufe, hupten Autos, rief der Gebetsrufer zum Abendgebet.

»Was ist nun, möchten Sie mitkommen?«, hörte ich eine Stimme. Die Gondel hatte bereits angelegt und wartete auf mich. Behutsam setzte sie mich über, das Hotel mit seinem üppigen, tropischen Gartenparadies kam lautlos und langsam auf mich zu.